Deutscher Anwaltverein   **TQM**

TQM

Qualitätsmanagement in der Anwaltskanzlei

DAV-Leitfaden

Herausgegeben vom Deutschen Anwaltverein

Bearbeitet von den Mitgliedern des DAV-Ausschusses „Total Quality Management":

Rechtsanwalt Dr. Georg Vorbrugg, München (Vorsitzender)
Rechtsanwalt Dr. Manfred Brüning, Köln
Rechtsanwalt Dr. F. Helmut Eichler, Stuttgart
Rechtsanwalt Wolfgang Ewer, Kiel
Rechtsanwalt Dr. Hans C. Lühn, Münster
Rechtsanwalt Dr. Reinhold Mauer, Bonn

Deutscher**Anwalt**Verlag

Die Deutsche Bibliothek – CIP-Einheitsaufnahme

TQM : Qualitätsmanagement in der Anwaltskanzlei ;
DAV-Leitfaden / hrsg. vom Deutschen Anwaltverein. Bearb. von den
Mitgliedern des DAV-Ausschusses „Total Quality Management":
Georg Vorbrugg ... - Bonn : Dt. Anwaltverl., 1997
   ISBN 3-8240-0207-8 Gb.

Copyright 1997 by Deutscher Anwaltverlag, Bonn
Satz und Druck: Richarz Publikations-Service, St. Augustin
ISBN 3-8240-0207-8

Vorwort

Das allgemein zur Verbesserung von Qualität jedweder Leistungen seit Jahren gepriesene Konzept heißt „**Total Quality Management**". Dieses Konzept, das ein ständiges Streben nach Optimierung des gesamten Wirkens eines Unternehmens im Interesse des Kunden beschreibt, hat seit dem Jahr 1995 auch Eingang in die Diskussion der Anwaltschaft gefunden[1]. Insbesondere die Frage nach Sinn und Möglichkeit der Zertifizierung einer Anwaltskanzlei nach den DIN EN ISO 9000 ff. haben diese Diskussion ausgelöst und auch zum Gegenstand zahlreicher kontroverser Diskussionen, so u. a. auf dem IV. DAV Forum Junger Anwälte am 6. und 7. Oktober 1995 in Magdeburg und auf der Mitgliederversammlung des Deutschen Anwaltvereins am 16. und 17. Mai 1996 in Leipzig gemacht.

Der DAV hat dies zum Anlaß genommen, die Möglichkeiten und Zweckmäßigkeit der Umsetzung eines solchen Konzeptes zu überprüfen und hierzu einen TQM-Ausschuß eingesetzt. Der DAV-Vorstand hat in seiner Sitzung am 18.02.1997 den vorliegenden TQM-Leitfaden beschlossen und sich allgemein zur Frage anwaltlichen Qualitätsmanagements und zur Frage der Zertifizierung geäußert. Dieser Beschluß ist im Anhang (Anlage 1) abgedruckt. Mit dem TQM-Leitfaden hat der Vorstand die Vorlage des TQM-Ausschusses übernommen.

---

[1] Vorbrugg, Qualität anwaltlicher Dienstleistung, in: Liber Amicorum für Hans-Jürgen Rabe, 1995, S. 207 ff.; Thomas/Vorbrugg, AnwBl. 1995, S. 273 ff.; Endrös/Waltl. NJW-CoR 1995, S. 402 ff.; Krämer/Mauer, BRAK-Mitt. 1996, S. 22; Streck, AnwBl. 1996, S. 57 ff.; Mauer/Krämer, AnwBl. 1996, S. 73 ff.; Endrös/Waltl, NJW-CoR 1996, S. 164 ff.; Mauer/Krämer, Marketingstrategien für Rechtsanwälte, 1996; Streck, Rechtsanwaltkammer Köln Mitteilungen, 1/96, S. 4; Endrös/Waltl, NJW 1996, S. 1030; Landry, Kammerreport, Hanseatische Rechtsanwaltkammer Hamburg 1996, Ausgabe 3, S. 1; Kohtes, AnwBl. 1996, S. 369; Anker/Sinz, AnwBl. 1996, S. 372; Kohl, AnwBl. 1996, S. 374 ff.; Krämer/Mauer, BRAK-Mitt. 1996, S. 141 ff.; Krämer „Dienstleister entdecken die Qualitätsmessung" in: Die Welt, v. 17.10.1996

Vorwort

Der Leitfaden soll sowohl dem einzelnen Rechtsanwalt wie auch Rechtsanwaltsozietäten helfen, ihre Leistungen ständig zu verbessern, um damit dem Interesse des rechtsuchenden Bürgers, der Anwaltschaft, der Rechtspflege und schließlich sich selbst als Teilnehmer des Rechtsberatungsmarktes zu dienen.

Felix Busse
Präsident

Inhaltsverzeichnis

Literaturverzeichnis 9

Einleitung 13
1. Gibt es eine Qualität anwaltlicher Tätigkeit? . . . 14
2. Was ist TQM? 20
3. Warum TQM? 24
4. Was kann TQM bringen? 24
5. Wie wird TQM umgesetzt? 25
   a) ISO 9000 26
   b) Internationale Qualitätspreis-Modelle 29
   c) Anwaltspezifische Modelle 40
6. Zum Aufbau dieses Leitfadens 42

Hauptteil 45
Kapitel 1: Kanzleiziele und Strategien 45
Kapitel 2: Führung 61
Kapitel 3: Mitarbeiterorientierung und Mitarbeiter-
           zufriedenheit 81
Kapitel 4: Umgang mit Ressourcen und Geschäfts-
           ergebnisse 115
Kapitel 5: Arbeitsabläufe 135
Kapitel 6: Mandantenzufriedenheit 151
Kapitel 7: Gesellschaftliche Nutzenstiftung 171
Kapitel 8: Einführung eines Qualitätsprogramms . . 175

Anhang 185
Anlage 1 DAV-Vorstandsbeschluß zu TQM 185
Anlage 2 Inhalt der ISO 9001-Norm 4.1–4.20 . . . 187
Anlage 3 Organigramm lokale Sozietät 189
Anlage 4 Organigramm überörtliche Sozietät 190

Inhaltsverzeichnis

Anlage 5	Stellenbeschreibung – Muster 1: RA-Assistentin	191
Anlage 6	Stellenbeschreibung – Muster 2: Bürovorsteher/in	192
Anlage 7	Mitarbeiterfragebogen	193
Anlage 8	Kostenplan	198
Anlage 9	Übersicht Arbeitsabläufe	199
Anlage 10	Fragebogen Mandantenzufriedenheit (Selbsteinschätzung)	200
Anlage 11	Fragebogen Mandantenzufriedenheit (Mandant)	202

Sachverzeichnis 205

Literaturverzeichnis

Abel, „Informationsbeschaffung", in: DAV (Hrsg.), Die moderne Anwaltskanzlei, 1994, S. 331 ff.

Anker/Sinz, Erste praktische Erfahrung der Zertifizierung einer Anwaltskanzlei gemäß der Qualitätsmanagementnorm DIN EN ISO 9001, AnwBl. 1996, S. 372

Blodgett, Lawfirm Pioneers Explore New Territory, Quality Progress, August 1996, S. 90

Bruch/Leber, „Personalführung", in: Maess/Maess (Hrsg.), Das Personal-Jahrbuch '96, 1995, S. 343 ff.

Boutall/Blackburn, The Solicitors' Guide to Good Management, 1994/96, The Law Society

Brüning, Wesen und Inhalt des Anwaltsvertrages – Pflichten des Rechtsanwalts gegenüber seinem Mandanten, in: DAV (Hrsg.), Die moderne Anwaltskanzlei, S. 425 ff.

Bruhn, Qualitätsmanagement für Dienstleistungen, 1996

Bühner, Der Mitarbeiter im Total Quality Management, 1993

Carl/Kiesel, Unternehmensführung, 1996

DAV (Hrsg.), Die moderne Anwaltskanzlei – Gründung, Einrichtung und Organisation, 1994

Depre, Tagesablauf und Organisationsmittel, in: DAV (Hrsg.), Die moderne Anwaltskanzlei, 1994, S. 257 ff.

Dolch/Werner/Wolf/Ruby, Qualitätsmanagement in der Anwaltskanzlei, 1997 (demnächst) Anwaltsverlag (Institut der Anwaltschaft)

Endrös/Waltl, Die zertifizierte Anwaltskanzlei, NJW-CoR 1995, S. 402 ff.

– *dies.*, Qualitätsmanagement in der Anwaltspraxis, NJW 1996, S. 1030 ff.

– *dies.*, Qualitätsmanagement ja – aber ohne Zertifizierung, NJW-CoR 1996, S. 164 ff.

Literaturverzeichnis

European Foundation for Quality Management, Der European Quality Award 1996, Bewerberbroschüre, 1995
Feuerich/Braun, BRAO Kommentar, 3. Aufl. 1995
Franzen/Apel, Prozeßaufwand bei Gericht und Anwalt – betriebswirtschaftlich und anschaulich – mit Folgerungen, NJW 1988, S. 1059 ff.
Frey Die Kluft zwischen Wissen und Handeln, SZ v. 29.09.1996 und 05.10.1996
Garke, Buchhaltung, Steuern und Controlling im Anwaltsbüro, in: DAV (Hrsg.), Die moderne Anwaltskanzlei, 1994, S. 397 ff.
Heimann/Hertz, Der Malcolm Baldrige National Quality Award und die Zertifizierung gemäß den Normen ISO 9000 bis 9004: Die wichtigsten Unterschiede, in: Staus (Hrsg.), Qualitätsmanagement und Zertifizierung, 1994, S. 333 ff.
Irion, Tagesablauf und Organisationsmittel, in: DAV (Hrsg.), Die moderne Anwaltskanzlei, 1994, S. 257 ff.
Kamiske/Brauer, Qualitätsmanagement von A-Z, 2. Aufl. 1995
Kohl, Erfahrungen bei der Zertifizierung von Anwalts-, Steuerberatungs- und Wirtschaftsprüfungskanzleien, AnwBl. 1996, S. 374 ff.
Kohtes, Die zwanzig ISO 9000-Prüfnormen – Schnupperkurs für Interessierte, AnwBl. 1996, S. 369 ff.
Kotler/Bliemel, Marketing-Management, 8. Aufl., 1995
Krämer, Zum Qualitätsverständnis anwaltlicher Rechtsberatung, NJW 1996, S. 2354 f.
– ders., „Dienstleister entdecken die Qualitätsmessung.", in: Die Welt, v. 17.10.1996
Krämer/Mauer: Die strategische Bedeutung der Kundenzufriedenheit für den Rechtsanwalt, BRAK-Mitt. 1/1996, S. 22 ff.
– dies., Fragebogen zur Mandantenfindung und -bindung – Ein Praxisbericht zur Marktforschung durch Anwaltskanzleien, BRAK-Mitt. 4/1996, S. 141 ff.;

Landry, Der Kunde ist König, Kammerreport, Hanseatische Rechtsanwaltkammer Hamburg 1996, Ausgabe 3, S. 1 ff.
Malorny, C., TQM umsetzen, 1996, S. 242
Marsch-Barner, in: Münchener Vertragshandbuch, Band 1, Gesellschaftsrecht, 1996, S. 47 f.
Mauer/Krämer, Marketingstrategien für Rechtsanwälte, 1996
– *dies.*, ISO 9000 für Rechtsanwälte? AnwBl. 1996, S. 73 ff.
Niehoff, Von QM zu TQM – in der Praxis, in: H. Adams/G. Wolf (Hrsg.), Qualitätsmanagement der Wertschöpfung, 1996, S. 65
Oppenhoff, W., Sozietätsverträge S. 357 ff., AnwBl. 1977, S. 192 f., Sozietätsverträge, AnwBl. 1997, S. 192 f., 357 ff.
– *ders.: AnwBl. 1977, S. 357 ff.*
Passenberger, STAR: Berufliche und wirtschaftliche Situation von Rechtsanwältinnen, BRAK-Mitt. 2/1996, S. 50 ff.
Passenberger/Kaimer, STAR: Überörtliche Anwaltssozietäten im Zahlnspiegel, BRAK-Mitt. 4/96 S. 136 ff.
Paton, „Is TQM dead?", Quality Digest, April 1994
Reed, Applying Total Quality Management in the Law Office, Altman Weil Pensa Publications, Inc., 1993
Seiwert/Buschbell, Zeitmanagement für Rechtsanwälte – Mehr Erfolg und Lebensqualität, 2. Aufl. 1996
Streck, Der objektiv „gute" Rechtsanwalt, AnwBl. 1996, S. 57 ff.
– *ders.*, Rechtsanwälte, TQM und ISO 9000, Rechtsanwaltkammer Köln Mitteilungen, 1/96, S. 4
Strobel, Der Markt anwaltlicher Dienstleistungen – Die ökonomische Zukunft der Rechtsberatung, AnwBl. 1988, S. 307 ff.
Thomas/Vorbrugg, Total Quality Management, AnwBl. 1995, S. 273 ff.
Töpfer/Mehdorn, Total Quality Management, 3. Aufl. 1993
Ullrich, Aufbau und Einrichtung einer Anwaltskanzlei, in: DAV (Hrsg.), Die moderne Anwaltskanzlei, 1994, S. 25 ff.
Ulrich/Fluri, Management, 7. Aufl. 1995

Vorbrugg, Qualität anwaltlicher Dienstleistungen, in: Liber Amicorum für Hans-Jürgen Rabe, 1995, S. 207 ff.
– *ders.*, Total Quality Management, AnwBl. 1995, S. 273 ff.
– *ders.*, Anwaltliche Vertragsgestaltung, AnwBl. 1996, S. 251 ff.
Walker/Ciaramitaro, TQM in Action: One Firm's Journey Toward Quality, American Bar Association, Section of Law Firm Management, 1994
Wettmann/Jungjohann, Inanspruchnahme anwaltlicher Leistungen – Zugangsschwellen, Beratungsbedarf und Anwaltsimage, 1989
Winters, Der Rechtsanwaltmarkt, 1989
Wolf, Planung und Einführung von TQM, in: Adams/Wolf (Hrsg.), Qualitätsmanagement der Wertschöpfung, 1996, S. 241 (247)
Zilles, Zum Sozietätsvertrag, AnwBl. 1992, S. 179 ff.
Zink, TQM als integratives Managementkonzept, 1996

Einleitung

Für die deutschen Anwälte wird es immer schwieriger, mit den Marktgegebenheiten zurechtzukommen. Nicht nur die fachlichen Anforderungen wachsen. Der **Markt der Rechtsberatung** ist zudem einem **zunehmenden Wettbewerb** ausgesetzt.

Die Ursachen hierfür liegen in einem auch künftig nur langsam wachsenden Gesamtvolumen des anwaltlichen Honorarumsatzes, während sich gleichzeitig der Zustrom an jungen Rechtsanwälten ungebrochen fortsetzt. Hieraus folgt zunächst ein **sinkender Pro-Kopf-Umsatz**, einhergehend mit einem verstärkten **Einkommens- und Kostendruck**. Der Markt der Rechtsberatung wird jedoch auch durch nicht anwaltliche Berater in einen Wettbewerbssog gezogen. Angrenzende Beratungsberufe wie Steuerberater, Wirtschaftsprüfer und Unternehmensberater, jedoch auch Banken und Versicherungen, Gewerkschaften und Verbraucherschutzverbände übernehmen dem Rechtsberatungsgesetz zum Trotz genuine Beratungsleistungen.

Angesichts dieser Entwicklungen wäre es fatal, auf regulierende Eingriffe des Gesetzgebers oder eine sich entspannende Marktentwicklung zu hoffen[1]. Vielmehr ist es Aufgabe jedes einzelnen Rechtsanwalts, sich seinen Platz auf dem Rechtsberatungsmarkt und damit eine Wettbewerbsposition zu sichern. Die Sicherung einer Wettbewerbsposition ist allerdings nicht unmittelbar und alleine von den juristischen Fähigkeiten, insbesondere Examensnoten des Rechtsanwalts oder seinen Ruf innerhalb der Kollegenschaft, sondern hauptsächlich

---

1 Strobel, AnwBl. 1988, S. 307; Winters, Der Rechtsanwaltmarkt, 1989, S. 114; Mauer/Krämer, Marketingstrategien für Rechtsanwälte, 1996, S. 33 ff.

Einleitung

von der dauerhaften **Zufriedenheit der eigenen Mandanten** abhängig. Gleichzeitig entwickelt der mündige rechtsuchende Bürger aufgrund der wachsenden Anzahl von angebotenen Rechtsberatungsleistungen zunehmend ein „Gefühl" für die Unterschiede zwischen „guter" und „schlechter" Rechtsberatung. Gute und schlechte Rechtsberatung wird aus Sicht des Mandanten mit einem guten oder schlechten Anwalt gleichgesetzt. Ein schlechter Anwalt wird einen Mandanten nicht zufriedenstellen. Der Mandant wird kein dauerhaftes Vertrauensverhältnis zu diesem Anwalt finden und bei dem nächsten auftauchenden Problem einen anderen Anwalt oder einen nicht anwaltlichen Rechtsberater aufsuchen. Darüber hinaus beeinträchtigt jede schlechte Rechtsberatung nicht nur den Ruf des einzelnen Anwalts, sondern den der Anwaltschaft als beratendem Berufsstand insgesamt.

1. Gibt es eine Qualität anwaltlicher Tätigkeit?

Der Frage, ob es eine Qualität anwaltlicher Tätigkeit und damit ein Maß für die Einordnung in „gute" und „schlechte" Anwälte gibt, geht die Frage voraus, was eigentlich Qualität bedeutet. Das Wort „Qualität" selbst hat seinen Ursprung im Lateinischen („qualis" = wie beschaffen) und umschreibt nach allgemeinsprachlicher Auffassung die „Beschaffenheit", die „Güte" oder den „Wert" einer Sache.

Fraglich ist jedoch, welche Instanz die Einschätzung der Qualität einer Sache jeweils vornimmt. Auch in der Qualitätsforschung ist es bis heute nicht gelungen, ein in Ansätzen tragfähiges und allgemein akzeptiertes Qualitätsverständnis zu schaffen[2]. Nach internationaler **Definition ist Qualität die**

---

2 Bruhn, Qualitätsmanagement für Dienstleistungen, 1996, S. 23.

Einleitung

Gesamtheit von Merkmalen einer Einheit bezüglich ihrer Eignung, festgelegte und vorausgesetzte Erfordernisse zu erfüllen[3]. Qualität bezeichnet damit die realisierte Beschaffenheit einer Einheit bezüglich ihrer Qualitätsforderung[4]. Der Begriff der „Einheit" steht dabei für Produkte oder Tätigkeiten und kann somit auch für Dienstleistungen wie die Rechtsberatungsleistung genutzt werden. Dies konkretisiert allerdings noch nicht, von welcher Institution bzw. welcher Person die Maßstäbe zur Qualitätsbeurteilung festgelegt werden. Bei alledem ist zu berücksichtigen, daß die gesamte Qualitätsdiskussion im „Technischen" der „Fabrik" begonnen hat, und die Sprache der Ingenieure erst in die der Laien (hier sind Anwälte Laien!) übersetzt werden muß.

Für den Rechtsanwalt als Juristen ist diese Problematik eigentlich nicht schwer nachzuvollziehen, kennt er doch die Auseinandersetzung von zwei Parteien vor Gericht, von denen die eine Partei behauptet, sie habe eine äußerst mangelhafte Sache erhalten, die andere Partei jedoch behauptet, die Sache sei einwandfrei. Dann entscheidet eine dritte Partei, nämlich der Richter oder ein berufener Sachverständiger als „Vorinstanz" für den Richter, was denn nun der Fall sei. Ebenso wie es einen objektiven und einen subjektiven Mängelbegriff gibt, gibt es auch einen **objektiven** und einen **subjektiven Qualitätsbegriff**. Jede Sache, jede Ware, jede Dienstleistung und jeder Rechtsrat kann „objektiv" richtig, gut, perfekt sein, jedoch für den Empfänger nutzlos: Ein Flug mit einer Concorde von Paris nach Washington in einer Rekordzeit kann für einen Geschäftsreisenden nutzlos oder sogar schädlich sein, wenn der Flug nach New York gehen sollte. Das Essen in einem Restaurant kann objektiv Spitzenklasse sein, wenn es die Servierin an den falschen Tisch bringt oder zur falschen Zeit und kalt an

---

3 Vgl. ISO 8402.
4 Zitiert bei Bruhn, a.a.O., S. 23.

einen richtigen Tisch, kann das Essen gleichwohl wertlos sein. Der richtige Rechtsrat zur falschen Zeit erbracht oder für den Mandanten unverständlich formuliert kann schlecht sein.

Die erste Aufgabe, die der **Qualitätsbegriff** stellt, ist also das Verständnis für seine **Relativität**. Je nach dem, ob die Qualität aus Sicht des Herstellers (Rechtsanwalt), aus Sicht des Kunden (Mandant) oder aus Sicht eines Dritten (Richter, Sachverständiger usw.) definiert wird, kann dieselbe Rechtsberatungsleistung bwz. Mandatsbearbeitung hervorragend, gut, durchschnittlich, schlecht oder ungenügend sein.

Der Qualitätsbegriff der anwaltlichen Tätigkeit hat aber noch eine weitere Dimension, die zu einer erhöhten Komplexität führt. Denn die anwaltliche Tätigkeit beschränkt sich nicht darauf, einen (immer richtigen?) juristischen Rat oder eine Auskunft zu erbringen. Der Rechtsanwalt ist für seinen Mandanten zunächst ein Mensch. Kraft seiner Persönlichkeit, seiner sprachlichen und sonstigen Fähigkeiten ist er Streiter für die Durchsetzung von Parteiinteressen. Der Anwalt ist als Interessenvertreter in erster Linie Vertrauensperson. Im Interesse seines Mandanten schreibt er sich selbst und das Gesetz ihm hohe Werte wie Unabhängigkeit, Gewissenhaftigkeit, Achtung und Vertrauen, Verschwiegenheit, Sachlichkeit und Sorgfältigkeit zu. Das ist aber noch nicht alles. Ein guter Anwalt zeichnet sich sicherlich nicht schon dadurch aus, daß er überhaupt eine Rechtsberatungsleistung erbringt, einen Prozeß führt oder Schriftsätze anfertigt, er muß es auch in einer möglichst erfolgreichen Weise tun. Er muß es inhaltlich in einer Form tun, die für den rechtsuchenden Bürger zur Erreichung des Zwecks überhaupt tauglich ist. Um gut zu sein, muß die Leistung innerhalb der Zeit erbracht werden, die mit dem Mandanten vereinbart oder die vom Gesetz bestimmt ist.

Einleitung

Hinzu kommt, daß der Rechtsanwalt eine ganz überwiegend immaterielle und damit nur schwer faßbare Leistung erbringt. Dies mag auch der Grund sein, warum viele Anwälte nur schwer den Begriff der **Dienstleistung** im Hinblick auf ihre Tätigkeit akzeptieren wollen. Auch darüber, ob es überhaupt einen objektiv „guten" Anwalt gibt und wenn ja, was die Merkmale eines solchen Anwaltes sind, ist in letzter Zeit diskutiert worden[5].

Selbst wenn die von einem Rechtsanwalt erbrachte juristische Teilleistung im Nachhinein einer objektiven Bewertung zugänglich ist, nutzt dies für die Gesamtbewertung der anwaltlichen Tätigkeit für einen Mandanten wenig. Es ist auch kein objektiver Dritter vorhanden, der die anwaltliche Tätigkeit und das Vertrauensverhältnis zu seinem Mandanten konkret beurteilen könnte.

Die Tatsache, daß es eine solche **objektive Instanz zur Bewertung der Qualität** einer anwaltlichen Tätigkeit im Einzelfall nicht gibt, bedeutet jedoch nicht gleichzeitig die Nichtexistenz der Qualität einer anwaltlichen Tätigkeit selbst. Wie wäre es sonst zu verstehen, daß anwaltliche Kollegen einen bestimmten Rechtsanwalt als „den" Rechtsanwalt im Familienrecht, im Verkehrsrecht oder in einem sonstigen Rechtsgebiet bezeichnen und empfehlen können. Wie könnte sich sonst der „gute Ruf" eines Anwalts in der Bevölkerung herausbilden? Dieses Bild von der **Gesamtqualität** einer anwaltlichen Tätigkeit beruht auf einer Vielzahl **nicht überprüfter intersubjektiver Meinungen**.

Daneben steht der **Anwalt selbst** als Instanz für die Beurteilung seiner Leistung. Tatsächlich bestreiten viele Anwälte zu

---

[5] Vgl. insbesondere Streck, AnwBl. 1996, S. 57 ff.; Thomas/Vorbrugg, AnwBl. 1995, S. 273 ff.

Recht, daß ihre Kollegen, geschweige denn ihre Mandanten in der Lage seien, ihre Tätigkeit zu bewerten. Dies mag im Hinblick auf die Mandanten für die juristische Leistungserbringung zutreffend sein. Hinsichtlich der Beurteilung der Qualität der selbst erbrachten Leistung ist der Rechtsanwalt jedoch befangen, kann also nur ein **subjektives Bild** abgeben.

Schließlich kann der **Mandant** als Auftraggeber die Qualität der erbrachten anwaltlichen Tätigkeit beurteilen. An dieser Stelle werden viele Anwälte den Kopf schütteln und dies im Hinblick darauf als abwegig bezeichnen, daß die meisten Mandanten ja schließlich keine Juristen seien. Der Mandant als rechtsuchender Bürger scheint dies jedoch ganz anders zu sehen, wenn er seiner Familie, seinem Nachbarn und jedem anderen der es hören will, erzählt, daß er bei einem „guten" oder bei einem „schlechten" Anwalt gewesen sei und dieser auf jeden Fall bzw. auf keinen Fall weiter zu empfehlen sei. Die **Gründe** für ein **positives oder ein negatives Bild** des Anwalts liegen auch oftmals nicht in der vom Mandanten gar nicht zu beurteilenden Einschätzung der juristischen Kompetenz, sondern vielmehr im persönlichen Bereich: Gründe für die **Unzufriedenheit des Mandanten** sind oftmals, daß der Rechtsanwalt unzutreffende oder keine Angaben über die Kosten des Rechtsstreits gegeben hat, daß er sich nicht genug Zeit für den Mandanten genommen hat oder daß er schwer erreichbar war, Zusagen in zeitlicher Hinsicht nicht eingehalten hat, ein Mitarbeiter der Kanzlei wiederholt unfreundlich oder uninformiert war usw.[6]

Aus der Sicht der Mandanten gibt es ganz eindeutig eine Qualität anwaltlicher Tätigkeit. Und diese Qualität anwaltlicher Tätigkeit erfragt der Mandant nicht bei dem Anwalt, und

---

6 Wettmann/Jungjohann, Inanspruchnahme anwaltlicher Leistungen – Zugangsschwellen, Beratungsbedarf und Anwaltsimage, 1989, S. 23.

Einleitung

auch nicht bei einem sachverständigen Dritten, der **Mandant bestimmt die Qualität anwaltlicher Tätigkeit selbst.**

In der heutigen Qualitätslehre besteht daher auch darüber Einigkeit, daß im Wettbewerb der Kunde die Qualität der erbrachten Leistung bestimmt[7]. Es hat also für das Überleben des einzelnen Rechtsanwalts auf dem Rechtsberatungsmarkt und für die Anwaltschaft insgesamt keinen Sinn, wenn sich die Anwälte gegenseitig und untereinander hervorragende Leistungen bescheinigen, wenn der einzelne Rechtsanwalt jedoch im schlimmsten Fall enttäuschte Mandanten zurückläßt und diese denken oder fühlen: „Das ist ein schlechter Anwalt!". Haben diese Mandanten dann Unrecht? Ist der Anwalt dann trotzdem ein „guter" Anwalt? Ist er ein erfolgreicher Rechtsanwalt? Unabhängig von seiner juristischen Qualifikation kann in diesem Fall von einer guten anwaltlichen Dienstleistungsqualität wohl nicht gesprochen werden. Unter Berücksichtigung objektiver Anforderungen an einen Rechtsanwalt kann damit die **Qualität anwaltlicher Tätigkeit** definiert werden als:

> **Die Fähigkeit eines Rechtsanwaltes, einen vom Mandanten erteilten Auftrag unter Berücksichtigung der Erwartungen des Mandanten auf einem bestimmten Anforderungsniveau durchzuführen.**

Ob ein Rechtsanwalt der unabhängigste, der juristisch versierteste, der vertrauenswürdigste, der überzeugendste usw. ist, bestimmen letztendlich die Mandanten. Ein Rechtsanwalt ohne zufriedene Mandanten hat wahrscheinlich den falschen Beruf ergriffen. Und selbst wenn seine Kollegen ihn für einen guten Juristen halten, nutzt das für das Leben und Überleben des Rechtsanwalts nichts. Ein solcher Rechtsanwalt wird auch

---

7 Vgl. hierzu die in Fußnote 2 genannten sowie aus der Qualitätslehre Kamiske/Brauer, Qualitätsmanagement von A-Z, 2. Aufl. 1995, S. 126 ff.; Bruhn, a.a.O., S. 27.

Einleitung

seiner gesellschaftlichen Rolle innerhalb der Anwaltschaft und insbesondere in der Gesellschaft für den rechtsuchenden Bürger – und zwar auch objektiv – nicht gerecht.

Wenn der Rechtsanwalt ein unabhängiges Organ der Rechtspflege ist, wie es § 1 der BRAO bestimmt, so erschöpft sich die Rolle des Rechtsanwalts doch nicht darin. Der Rechtsanwalt ist auch und vor allem der berufene und unabhängige Berater und Vertreter in allen Rechtsangelegenheiten (§ 3 Abs. 1 BRAO). Diese Aufgabe übt der Rechtsanwalt nicht nur für sich selbst, die Rechtspflege oder seine anwaltlichen Kollegen, sondern vor allen Dingen für den rechtsuchenden Bürger, seinen Mandanten, aus.

2. Was ist TQM?

Der TQM-Ansatz umfaßt alle diese Qualitäten des Rechtsanwaltes und sucht sie ständig zu verbessern mit dem Ziel, das Vertrauen des Mandanten in seine Leistungsfähigkeit zu stärken[3]. Dies beginnt mit einem ständigen Überdenken der eigenen Funktion in der Gesellschaft und auf dem Rechtsberatungsmarkt bis hin zu einer Optimierung der Organisation von Büroabläufen. Als **umfassender Optimierungsansatz** sämtlicher Qualitätselemente des Rechtsanwaltes und seines Unternehmens Anwaltskanzlei wird damit zunächst die juristische Kernleistung selbst umfaßt.

Die **„juristische Kompetenz"** des einzelnen Anwalts hängt unter anderem ab von seinen geistigen Fähigkeiten, der Tiefe seiner juristischen Ausbildung, seiner Persönlichkeit sowie seiner praktischen Erfahrung auf einem bestimmten Gebiet.

---

8 Das Vertrauen des Klienten/Kunden in die eigene Leistungsfähigkeit zu stärken, ist für sämtliche TQM-Anwendungen dasselbe Ziel.

Einleitung

Die Möglichkeiten der optimalen juristischen Mandatsbetreuung werden heute einerseits durch die modernen Datenbanken und Datenträger (z. B.: Juris-Online, Lexis, CD-ROM-Datenbanken) erleichtert. Der Anwalt hat neben dem „Palandt" und den amtlichen Sammlungen (BGHZ usw.) Zugriffsmöglichkeiten auf ungezählte gerichtliche Entscheidungen aus allen Gerichtszweigen und Instanzen sowie juristische Aufsätze, Monographien etc. Auf der anderen Seite bedeutet die Möglichkeit der Nutzung dieser enormen Datenmengen zugleich die Obliegenheit, diese auch zugunsten des Mandanten einzusetzen. Eine komplette juristische Auswertung selbst der wichtigsten Datenbanken für jeden einzelnen Fall wird den Anwalt überfordern und ist daher illusorisch. Der Anwalt, als der berufene Vertreter in allen Angelegenheiten, entspricht nicht mehr dem heutigen Anforderungsprofil seitens der Mandanten, der anwaltlichen Kollegen und der Gerichte. Es besteht daher die grundsätzliche Notwendigkeit des einzelnen Anwalts, sich in fachlicher Hinsicht auf einzelne Rechtsgebiete zu beschränken (Spezialisierung), um das heute erwartete Maß an Qualität erfüllen zu können. Auch die Bundesrechtsanwaltsordnung fordert in § 43 a Abs. 6, daß sich jeder Rechtsanwalt fortbildet, eine Forderung, der kein einzelner Rechtsanwalt auf allen Rechtsgebieten in gleicher Weise nachkommen kann.

Gegenstand des ständigen **Verbesserungsprozesses** sind aber insbesondere auch:
– die **Kanzlei** selbst als **wirtschaftliches Unternehmen** der dort tätigen Rechtsanwälte;
– die daraus folgende Einrichtung und Kontrolle eines **Finanzplanes** für die Kanzlei;
– die bewußte Ausrichtung auf die **Interessen** und Wünsche des **Mandanten** im Sinne der Verbesserung der **Kommunikation** zwischen Anwalt und Mandant;

Einleitung

- die daraus folgende Schaffung einer dauerhaften **Mandantenzufriedenheit**;
- die Ordnung und Verbesserung der organisatorischen **bürotechnischen Abläufe**;
- die Schaffung von **persönlichen Zuständigkeiten** für juristische und organisatorische Aufgaben innerhalb der Kanzlei;
- Beschränkung der fachlichen Tätigkeit auf Schwerpunkte (**Spezialisierung**);
- die Schaffung einer dauerhaften **Fortbildung**sstrategie für Rechtsanwälte und sonstige Mitarbeiter (einschließlich nicht juristischer Lehrgänge, wie z. B. in Rhetorik);
- die Schaffung von **Zufriedenheit der Mitarbeiter** der Kanzlei.

Viele der vorgenannte Punkte mögen in ihrer Notwendigkeit als selbstverändlich vorausgesetzt werden und in Teilen längst praktiziert werden. Die umfassende, insbesondere die systematische Umsetzung dürfte jedoch verbesserungsfähig, teilweise wahrscheinlich auch verbesserungsbedürftig sein.

Zunächst sollte Klarheit darüber bestehen, daß TQM keine Wissenschaft ist. TQM ist, anders als ISO 9000, auch kein Zertifikat oder ein Auszeichnung, sondern vielmehr eine **umfassende Unternehmens(Lebens)philosophie mit der Zielsetzung einer ständigen Qualitätsverbesserung**.

Einfach gesagt ist TQM ein Synonym für die tagtäglich umgesetzte innere **Einstellung** aller Anwälte und Mitarbeiter. Jeder weiß, was er zu tun hat und für welche Ziele er gebraucht wird. Die Einstellung: „Ich mache halt meine Arbeit, auch wenn ich nicht verstehe, was der ganze Aufwand soll" soll der Einstellung weichen: „Was wir hier tagtäglich machen, ist wichtig und keine Routine" und „Die Kanzlei braucht mich". Aussagen oder Fragen wie: „Das Zurückstellen des Buches in

Einleitung

das Regal ist nicht meine Aufgabe." oder „Da hat sich doch vor drei Monaten schon mal ein Mandant über uns beklagt; was daraus geworden ist, weiß ich nicht!" zeugen von Desinteresse und mangelnder Identifizierung mit der Kanzlei.

Es gibt viele Beschreibungen von TQM[9]. Immer jedoch geht es um die **Qualitätsverbesserung** der **Gesamtleistung der Kanzlei**. Wie dies geschieht, durch Gruppenarbeit, Leitung durch einen mit dieser Aufgabe befaßten Anwalt oder mit Hilfe Dritter, ob dies umfassend schriftlich festgehalten wird, z. B. in einem „Qualitätshandbuch", oder in praktischen Anweisungen Gestalt annimmt, ist nicht entscheidend.

TQM mag dem Anwalt zunächst als „berufsfremd" erscheinen, vermag doch der einzelne Anwalt in der täglichen Praxis durch die ihn drängenden Probleme aus dem Bereich der Bearbeitung der Mandate und der Organisation des Büroablaufs möglicherweise keinen direkten Bezug zu diesem modernen Kapitel anwaltlichen Daseins herzustellen. Dieser Aufgaben- und Problembezug erschließt sich jedoch aus den Kapiteln dieses **Leitfadens**. Die darin enthaltenen Anregungen gelten grundsätzlich für alle Kanzleien, von der **Einzelpraxis** bis zur überörtlichen **Großkanzlei**. Den Sinn und wahrscheinlich auch die Notwendigkeit der Verbesserung aller „Elemente", die eine Kanzlei als ganzes ausmachen, wird wohl nicht bestritten werden. Der Wille und die Kraft zur Annahme und Umsetzung von Verbesserungsvorschlägen ist aber letztlich eine Frage der **Initiative** aller Anwälte und nichtjuristischen Mitarbeiter einer Kanzlei.

Dieser **Leitfaden** bietet **Anregungen, Muster und Checklisten** zum Einsatz und zur Selbstkontrolle. Einzelne Punkte,

---

9 Paton, S. M., „Is TQM dead?", Quality Digest, April 1994, S. 2. Die international gültige Definition ist die bei FN 3 zitierte Begriffsbestimmung gem. ISO 8402.

Einleitung

z. B. die Personalplanung, mögen dem Anwalt, je nach Größe der Kanzlei, als überflüssig erscheinen. Gleichwohl ist auch dies ein wichtiger Punkt, der schon in wenigen Jahren und erst recht in der weiteren Zukunft, viele Kanzleien als Problem beschäftigen kann. Der Trend zu größeren Sozietäten ist eindeutig. Je mehr Anwälte und Mitarbeiter in einer Kanzlei arbeiten, desto besser muß das Verhalten aller koordiniert und geplant werden. Reibungen und Zeitverlust erschweren nicht nur dem einzelnen Anwalt die Arbeit, sie behindern und demotivieren auch den Erfolg der Kanzlei und schaden ihrer Reputation.

Soweit einzelne Elemente ganz oder in Teilen für eine Kanzlei nicht von Bedeutung sind, braucht sie diese Elemente selbstverständlich auch nicht weiter um ihrer selbst willen umzusetzen.

3. Warum TQM?

Das **Hauptanliegen** von Anwalts-TQM ist, Anwälte und Mitarbeiter der Kanzlei zu einem **bewußten Nachdenken** über die verschiedenen Aufgaben innerhalb und außerhalb der Kanzlei und im Umgang miteinander zu bringen, **Verbesserungsmöglichkeiten** zu finden und diese umzusetzen.

4. Was kann TQM bringen?

– Für den **Rechtsanwalt** selbst: eine Hilfe zur Verbesserung der Organisation der eigenen Arbeit sowie eine ständige Verbesserung der Qualität der juristischen Kompetenz als „Kernleistung". TQM bedeutet aber auch die ständige

Verbesserung aller sonstigen Elemente anwaltlicher Tätigkeit, angefangen bei der Kommunikation mit Mandanten, Mitarbeitern, Gerichten, Gegnern usw. bis hin zu einer Optimierung des eigenen Zeitmanagements. Die Ergebnisse dieses Prozesses sind mehr Freude am Beruf und wirtschaftlicher Erfolg;
– Für den **Mandanten**: Die Erwartung, die er in seinen Rechtsanwalt setzt, werden erfüllt oder gar übertroffen. Merke: Der Mandant wird nicht durch den verlorenen Prozeß enttäuscht, sondern durch den überraschend verlorenen Prozeß;
– Für die **Mitarbeiter**: Sie sind nicht Objekte eines juristischen Arbeitsprozesses, sondern werden eingebunden und als Menschen geachtet und gefördert. Die Zufriedenheit der Mitarbeiter – für jeden Betriebswirt eine Selbstverständlichkeit – bildet eine wichtige Basis für die Qualität jeder erbrachten Leistung;
– Für die **Anwaltschaft**: Je mehr Anwälte sich umfassend um Verbesserung ihrer Leistungen bemühen, um so leichter wird sich auch die Anwaltschaft als Berufsstand in ihrem Ansehen behaupten und im Wettbewerb mit außerjuristischen Professionen bestehen können;
– Für die **Gesellschaft:** Für Staat und Gesellschaft bedeutet TQM der Rechtsanwälte, daß sie durch Verbesserung ihrer Einzelleistungen sowohl die Aufrechterhaltung einer geordneten Rechtspflege als auch eine optimierte Nutzenstiftung für die Allgemeinheit bewirken.

5. Wie wird TQM umgesetzt?

Bisher existiert kein deutsches anwaltspezifisches TQM-Modell. Bevor im Hauptteil das DAV-Modell erläutert wird, sollen daher die vorhandenen allgemeinen und ausländische anwaltspezifsche TQM-Modelle vorgestellt werden:

a) ISO 9000

ISO 9000 ist die Kurzbezeichnung für die „Normenreihe" der DIN EN ISO 9000 ff. Die ISO (Industrial Organization for Standardization, mit Sitz in Genf) hat als Konsens ihrer Mitglieder – darunter auch das Deutsche Institut für Normung e.V. (DIN) – eine Reihe von Empfehlungen zu zwanzig Themen rund um das Qualitätsmanagement zusammengestellt.

Dieses Regelwerk zielt mit den Teilnormen 9001 bis 9003 auf den Nachweis, wie grundlegende Forderungen im Falle eines bestimmten Unternehmens tatsächlich umgesetzt wurden, d. h. auf die Bescheinigung der Übereinstimmung mit den Anforderungen an diese Normen, hin. Die in den Normen enthaltenen Qualitätssicherungssysteme sind nicht auf eine spezielle Branche zugeschnitten; sie sind vielmehr sowohl für ein Großindustrieunternehmen, wie für einen kleinen Einzelhändler oder auch einen Freiberufler wie den Rechtsanwalt anwendbar. Entsprechend abstrakt sind die Normen gehalten. Sprachlich und inhaltlich sind die Normen nicht benutzerfreundlich[10].

Die Normenreihe ist also kein anwaltspezifisches Modell und beinhaltet aufgrund dessen auch keine für die anwaltliche Tätigkeit spezifischen Prüfungs- und Qualitätselemente. Das bedeutet, daß auch eine nach ISO 9001 ff. zertifizierte Anwaltskanzlei damit keinesfalls bescheinigt bekommt, daß sie gewissen, die anwaltliche Dienstleistung kennzeichnenden Qualitätsanforderungen im Hinblick auf den Leistungserstellungsprozeß genügt. Lediglich eine nichtzertifizierbare Teilempfehlung, die DIN 9004 Teil 2, enthält einen Leitfaden für

---

10 Vgl hierzu Streck, AnwBl. 1996, S. 64.

Dienstleister, der jedoch ebenfalls nicht anwaltsspezifisch ist. Die DIN ISO 9000 ff. sind nicht auf das Leistungsergebnis, also auf die Qualität der Rechtsberatungsleistung, sondern auf den Leistungserstellungsprozeß bezogen. Bei einer Anwaltskanzlei bezieht sich die Zertifizierung also insbesondere auf allgemeine Arbeitsabläufe, wie die Organisation von **Büroabläufen**, z. B. den Posteingang und Postausgang; dies sind keine anwaltsspezifischen Leistungen, da sie genauso auch in einem Ingenieurbüro, einer Behörde oder einem Krankenhaus ablaufen können. Selbstverständlich dienen auch alle organisatorischen Maßnahmen nach ISO 9000 ff. dazu, anwaltsspezifische Leistungen möglichst fehlerfrei zu erbringen.

Die Zertifizierung nach DIN EN ISO 9001 kann sich als erster Schritt zur Verbesserung der Gesamtqualität der Kanzlei eignen. Die Ausrichtung auf die ISO 9000-Zertifizierung gewährleistet für sich allein jedoch noch keine kontinuierliche Qualitätsverbesserung. Diese ist vielmehr Gegenstand und Ziel eines umfassenden Qualitätsmodells, wie es auch der TQM-Ansatz ist. Die Zertifizierung ist zeitlich auf einen Überprüfungsstichtag ausgerichtet. Nachfolgende Entwicklungen werden in der Praxis nicht berücksichtigt. Die Umsetzung von Verbesserungen kann eine neue Zertifizierung erforderlich machen (sog. Erweiterungsaudit).

Beispiel 1: Die Kanzlei Schnell und Partner hat sich zu einer Zertifizierung nach ISO 9001 entschlossen. Dies nimmt sie zum Anlaß, erstmals den Arbeitsablauf „Postausgang" zu überdenken und zu regeln. Mit einiger Mühe und externer Beratung gelingt es ihr, den Arbeitsablauf der Norm 4.9 (Prozeßlenkung) zuzuordnen. In ihr umfangreiches Qualitätshandbuch werden die Grundsätze des klassischen Postausgangs aufgenommen. Dort heißt es: „Der Postausgang ist der für die Lenkung der ausgehenden Dokumente und Schriftstücke mitentscheidende Arbeitsablauf. Schreiben und Schriftsätze an Mandanten werden immer nach Prüfung der dokumentenechten und autorisierten Unterschriften am Tage der Erstellung über die zentrale Postausgangsstelle auf den Postweg gebracht. Das nähere regelt die als Anlage beigefügte Verfahrensanweisung 4.9–111 sowie die Arbeitsanweisungen AA 4.9–111/1–8." Sechs Monate nach Erteilung des Zertifikats schafft die Kanzlei ein moderneres Computersystem mit Online-Verbindungen an, da zwei der modern ausgerüsteten Mandanten die Übersendung von Daten per Computerfax wünschen. Schnell und Partner können sich jetzt „ISO-technisch" vor dem Problem sehen, die Anwendung des neuen Systems zu unterlassen, jedenfalls aber die ursprünglichen Prozesse anzupassen. Denn diese widersprechen den selbst aufgestellten, aber nicht mehr aktuellen Qualitätsregeln. Oder aber sie müßten die Änderungen anzeigen und ein außerordentliches Überwachungsaudit riskieren. Stellt bei diesem Überwachungsaudit der Zertifizierer fest, daß nunmehr die Voraussetzungen der jeweiligen ISO-Norm (9001 oder 9002) verfehlt werden, setzt sie eine Nachfrist. Stellt sich bei dem weiteren Audit dann heraus, daß die Mängel nicht abgestellt sind, sehen die Norm EN 45012 ebenso wie die einschlägigen Vertragsbedingungen des Zertifizierers den Widerruf des Zertifikats vor.

Die Zertifizierung einer Rechtsanwaltskanzlei wirft darüber hinaus folgende Probleme auf:

- Die Zertifizierung von Unternehmen und auch von Rechtsanwaltskanzleien ist gesetzlich nicht geregelt und unterliegt keiner Kontrolle. Folglich kann auch jede natürliche oder juristische Person eine Zertifizierung voraussetzungslos durchführen;
- Inhaltlich stellen die Normen der DIN ISO 9001 bis 9003 keine Mindestanforderungen dar;

- Die ISO-Zertifizierung kann Bürokratisierung und Pedanterie begünstigen;
- Die Zertifizierung ist relativ zeit- und kostenintensiv[11].

Eine ISO-Zertifizierung kann also nur ein erster Schritt auf dem Wege zum TQM sein.

Die Norm ISO 9001 beinhaltet zwanzig Forderungen, die zur Erlangung des Zertifikats erfüllt sein müssen. Diese müssen dokumentiert und in der Kanzlei beim Überprüfungsaudit nachgewiesen werden. Diese sind in den Normen „EN ISO 9001: 1994–4: Forderungen an die Qualitätssicherung/QM-Darlegung" enthalten. Der Inhalt dieser Normen kann aus urheberrechtlichen Gründen nicht an dieser Stelle wiedergegeben werden[12]. Eine Inhaltsübersicht gibt jedoch Anlage 2.

Um die Anforderungen einer solchen Zertifizierung zu veranschaulichen und mit diesem Leitfaden auch die Vorbereitung auf die Zertifizierung zu ermöglichen, sind die ISO-9000-relevanten Bestandteile des vorliegenden Modells durch Kursivdruck kenntlich gemacht. Weiterhin ist auf die jeweilige Ziffer der ISO-Norm verwiesen.

b) Internationale Qualitätspreis-Modelle

Total Quality Management ist als Unternehmensphilosophie selbst nicht zertifizierbar. Weltweit existieren jedoch zahlreiche Qualitätspreis-Modelle (Quality-Awards). Die Preise

---

11 Vgl. die Angaben von Mauer/Krämer, AnwBl. 1996, S. 77; andere Auffassung: Kohl, AnwBl. 1996, S. 374. Anmerkung: Es empfiehlt sich unbedingt die Einholung von verschiedenen Kostenvoranschlägen, ehe eine kommerzielle Zertifizierungsgesellschaft beauftragt wird.

12 Der Text der Normen ist ausschließlich über den Beuth-Verlag zum Preis von 113,50 DM (Stand: September 1996) zu beziehen. Die Voraussetzungen einer – auszugsweise – Veröffentlichung der Norm-Texte sind aus den Merkblättern des DIN Deutsches Institut für Normung e.V. zu ersehen (Stand der Bearbeitung: Januar 1996). Einen Überblick über den Inhalt der Normen gibt Kohtes im AnwBl. 1996, S. 369.

werden als Einzelpreise für hervorragende Leistungen im Qualitätsmanagement einzelnen Unternehmen verliehen. Die wichtigsten weltweiten Quality Awards sind der japanische **Deming-Prize**, der amerikanische **Malcolm Baldrige National Quality Award**[13] sowie der europäische **European Quality Award**[14].

In Deutschland existiert seit Ende 1996 nunmehr der inhaltlich weitestgehend dem European Quality Award nachempfundene **Ludwig-Erhard Preis**, der erstmals im Herbst 1997 vergeben wird[15].

Entscheidend ist jedoch nicht der Preis, sondern das zugrunde liegende, umfassende Qualitätsverständnis, welches im Unterschied zu den ISO-Normen eine Verbesserung der Wettbewerbsfähigkeit zum Ziel hat.[16]

Der European Quality Award wird mit Unterstützung der europäischen Kommission von der European Foundation for Quality Management (E.F.Q.M.) verliehen. Die Teilnahme an diesen Qualitätswettbewerben sind jedoch nur für große Unternehmen möglich. Die unmittelbare Anwendung von Qualitätspreis-Modellen, insbesondere des European Quality Awards, auf die deutsche Anwaltschaft ist aufgrund der organisatorischen Voraussetzungen für eine solche Teilnahme daher nur einer sehr begrenzten Anzahl von Anwaltskanzleien (nämlich Großkanzleien) möglich. Als allgemeines

---

13 Hierzu umfassend: Heimann/Hertz, Der Malcolm Baldrige National Quality Award und die Zertifizierung gemäß den Normen ISO 9000 bis 9004: Die wichtigsten Unterschiede, in: Staus (Hrsg.): Qualitätsmanagement und Zertifizierung, 1994, S. 333 ff.
14 Hierzu umfassend: Zink, TQM als integratives Managementkonzept, 1996, S. 99 ff.
15 Da erst nach Fertigstellung des Manuskripts erste Informationsunterlagen erhältlich waren und zudem noch keine praktische Erfahrung und Resonanz mit dem neuen, nationalen Preis besteht, verbleibt es hinsichtlich der nachfolgenden Darstellung bei dem für die Kriterien des TQM identischen EQA. Informationen zum Ludwig-Erhard-Preis sind gegen Gebühr erhältlich bei der DGQ Frankfurt a.M.
16 Vgl. Krämer, A.; Dienstleister entdecken die Qualitätsmessung, in: Die Welt, vom 17.10.1996, S. WV 4.

Einleitung

TQM-Modell scheiden diese Qualitätspreise für deutsche Anwaltskanzleien aus; praktische Erfahrungen mit dem neuen Ludwig-Erhard-Preis liegen zur Zeit noch nicht vor.

Die inhaltlichen Bewertungsverfahren sowohl des European Quality Awards wie auch des Malcolm Baldrige National Quality Awards umfassen über die Prüfung von Arbeitsprozessen hinaus andere Unternehmensführungselemente, die sich unmittelbar auf die Qualität der Leistung selbst auswirken. Hierunter fallen die Unternehmenspolitik und Strategie, Unternehmensführung, Mitarbeiterorientierung, die Verwaltung von Ressourcen, Mitarbeiterzufriedenheit, Kundenzufriedenheit, gesellschaftliche Verantwortung sowie die Geschäftsergebnisse des Unternehmens.

Der European Quality Award besteht z. B. aus neun Elementen, mit unterschiedlicher Gewichtung, wie aus nachfolgendem Schaubild[17] ersichtlich wird:

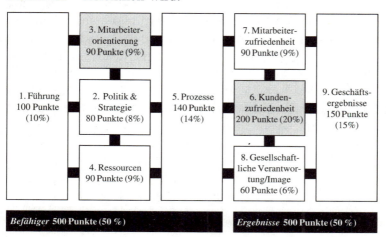

---

[17] Quelle: European Foundation for Quality Management, Der European Quality Award 1996, Bewerberbroschüre, S. 9.

Einleitung

Die Grundlage der Beurteilung der Bewerber zum European Quality Award sind schriftliche Bewerbungsunterlagen[18]. Diese müssen in schriftlicher Form eingereicht werden. Grundlage des Bewerbungsschreibens ist hierbei die Selbsteinschätzung des Bewerbers, die sich auf alle neun Hauptkriterien des oben abgebildeten TQM-Modells beziehen muß. In der Qualitätsmanagement-Literatur ist heute weithin anerkannt, daß das Instrument der Selbsteinschätzung (sogenanntes self-assessment) anhand eines modellhaften Systems des Qualitätsmanagements dem Anwender relativ rasch und deutlich starke und verbesserungswürdige Bereiche eines Unternehmens aufzeigen kann.[19] Für die Bewerbung um den European Quality Award ist die Selbsteinschätzung eine zwingende Grundvoraussetzung. Für sämtliche der neun Hauptkriterien muß der Bewerber den Nachweis der vollständigen Erfüllung sowie der kontinuierlichen Verbesserung erbringen.

Hierbei wird zwischen zwei grundsätzlichen Bereichen und zwar einmal dem Bereich „**Befähiger**" und einmal dem Bereich „**Ergebnisse**" unterschieden. Für den Bereich Ergebnisse sollte der Bewerber darlegen, wie sich finanzielle und qualitätsorientierte Schlüsselkennzahlen entwickelt haben. Dabei sollen Aussagen zu möglichen Trennverläufen im Vordergrund stehen. Zu unterscheiden sind hierbei schließlich interne und externe Kennzahlen. In dem Bereich „Befähiger" muß dargestellt werden, durch welche Maßnahmen das Unternehmen zu den Ergebnissen gekommen ist. Dabei wird zwischen dem Vorgehen und dem Grad der Umsetzung im Unternehmen unterschieden. Hierbei sollte darauf geachtet werden, daß eine

---

18 Ein ähnliches System ließe sich auch für Anwaltskanzleien denken, sei es, daß sich eine Kanzlei am Ludwig Erhard Preis beteiligt, sei es, daß ein anwaltseigenes Bewertungs-(Zertifizierungs-)System entwickelt wird.
19 Vgl. Statt aller: Malorny, C., TQM umsetzen, 1996, S. 242.

Verknüpfung im Sinne einer Kausalität zwischen den beschriebenen Ansätzen und den zuvor ausgeführten Ergebnissen erkennbar wird.

Die schließlich eingereichten Bewerbungsunterlagen des Unternehmens werden einem aus 4 bis 6 Gutachtern (sogenannten Assessoren) unter Führung eines leitenden Gutachters bestehenden Team vorgelegt und zunächst von den Gutachtern unabhängig voneinander bewertet. Dem Bewertungsschema des amerikanischen Malcolm Baldrige Award entsprechend werden die Gutachter von der EFQM angeworben.

Die unabhängige Bewertung der schriftlichen Unterlagen durch die einzelnen Gutachter mündet in eine Gesamtbeurteilung eines jeden Unternehmens. Hierbei muß unter den Gutachtern eine Übereinstimmung, also ein Gesamturteil herbeigeführt werden. Die Gesamtbeurteilung dieses Gutachterteams wird dann der eigentlichen Auszeichnungs-Jury vorgelegt, die sich aus einem internationalen Mitgliedergremium zusammensetzt. Dieses wählt dann eine Gruppe aus, die das jeweilige Unternehmen in einer Vor-Ort-Prüfung unter die Lupe nimmt. Auch solche Unternehmen, deren Bewerbung für eine Prüfung aus Sicht der Auszeichnungs-Jury nicht ausreichend sind, erhalten einen umfassenden Feedback-Bericht, der die Stärken und Schwächen aus Sicht der Gutachter auflistet und beschreibt. Nimmt das Unternehmen an der Vor-Ort-Prüfung teil, wird wiederum ein aus 4 bis 6 Gutachtern bestehendes Team zur Vor-Ort-Prüfung abgestellt. Im Rahmen dieses Termins wird geprüft, inwieweit die Ausführungen in den Bewerbungsunterlagen der tatsächlichen Situation im Unternehmen entsprechen. Abschließend entscheidet die Auszeichnungs-Jury über die Vergabe des European Quality Award. Die Gewichtungskriterien ergeben sich dabei aus dem obigen Schaubild.

Die einzelnen neun Elemente werden je nach ihrer Zuord-

Einleitung

nung zu den **Befähigerkriterien** oder zu den **Ergebniskriterien**, wie aus den nachstehend beiden Tabellen ersichtlich, bewertet. Als Befähigerkriterien gelten dabei die Elemente Führung, Mitarbeiterorientierung, Politik und Strategie, Ressourcen, Prozesse. Als Ergebniskriterien gelten Mitarbeiterzufriedenheit, Kundenzufriedenheit, gesellschaftliche Verantwortung/Image sowie Geschäftsergebnisse.

Die Prüfer bewerten jeden Unterpunkt der Befähigerkriterien, indem zwei Faktoren miteinander kombiniert werden und zwar 1. inwieweit das Vorgehen des Unternehmens von überragender Qualität ist, und 2. inwieweit das Vorgehen umgesetzt wird.

Hierbei wird nachfolgende Tabelle angewandt[20]:

---

20 Quelle: European Foundation for Quality Management (Hrsg.), 1995, Seite 18.

Einleitung

Vorgehen	Bewertung	Umsetzung
Anekdotisch oder ohne Wertschöpfung.	0%	Wenig effektive Anwendung.
Einige Anzeichen für fundierte Ansätze und auf Prävention beruhende Systeme. Wird gelegentlich überprüft. Teilweise Integration in die tägliche Arbeit.	25%	Bei etwa einem Viertel des Potentials angewandt, wenn man alle relevanten Bereiche und Tätigkeiten berücksichtigt.
Nachweis für fundiertes systematisches Vorgehen und auf Prävention beruhende Systeme. Wird regelmäßig auf gesamte Effektivität überprüft. Gute Integration in die tägliche Arbeit und Planung.	50%	Etwa bei der Hälfte des Potentials angewandt, wenn man alle relevanten Bereiche und Tätigkeiten berücksichtigt.
Klarer Nachweis für fundiertes systematisches Vorgehen und auf Prävention beruhende Systeme. Klarer Nachweis für Verfeinerung und verbesserte Gesamt-Effektivität durch Überprüfungszyklen. Gute Integration in die tägliche Arbeit und Planung.	75%	Bei etwa dreiviertel des Potentials angewandt, wenn man alle relevanten Bereiche und Tätigkeiten berücksichtigt.
Klarer Nachweis für fundiertes systematisches Vorgehen und auf Prävention beruhende Systeme. Klarer Nachweis für Verfeinerung und verbesserte Gesamt-Effektivität durch Überprüfungszyklen. Vorgehen ist vollkommen in die tägliche Arbeit integriert. Könnte als Vorbild für andere Organisation dienen	100%	Beim gesamten Potential in allen relevanten Bereichen und Tätigkeiten angewandt.

Die Prüfer bewerten jeden Unterpunkt der Ergebniskriterien, indem ebenfalls zwei Faktoren miteinander kombiniert werden und zwar 1. die Güte der Ergebnisse und 2. den Umfang der Ergebnisse. Vergleiche nachfolgende Tabelle[21]:

---

21 Quelle: European Foundation for Quality Management (Hrsg.), 1995, S. 19.

Einleitung

Ergebnisse	Bewertung	Umfang
Anekdotisch.	0%	Ergebnisse betreffen wenige relevante Bereiche und Tätigkeiten.
Einige Ergebnisse weisen positive Trends und/oder zufriedenstellende Leistungen auf. In einigen Fällen Übereinstimmung mit den eigenen Zielen.	25%	Ergebnisse betreffen einige relevante Bereiche und Tätigkeiten.
Viele Ergebnisse weisen positive Trends und/oder anhaltend gute Leistungen seit mindestens drei Jahren auf. In vielen Bereichen Übereinstimmung mit den eigenen Zielen. Einige Vergleiche mit externen Organisationen. Einige Ergebnisse sind auf das TQM-Konzept zurückzuführen.	50 %	Ergebnisse betreffen viele relevante Bereiche und Tätigkeiten.
Die meisten Ergebnisse weisen deutlich positive Trends und/oder anhaltend hervorragende Leistungen seit mindestens drei Jahren auf. Günstige Vergleiche mit den eigenen Zielen in vielen Bereichen. Günstige Vergleiche mit externen Organisationen in vielen Bereichen. Viele Ergebnisse sind auf das TQM-Konzept zurückzuführen.	75 %	Ergebnisse betreffen die meisten relevanten Bereiche und Tätigkeiten.
Deutlich positive Trends und/oder anhaltend hervorragende Leistungen seit mindestens fünf Jahren in allen Bereichen. Ausgezeichnete Vergleiche mit eigenen Zielen und externen Organisationen in den meisten Bereichen. „Klassenbester" in vielen Tätigkeitsbereichen. Ergebnisse sind eindeutig auf das TQM-Konzept zurückzuführen. Positive Anzeichen, daß Spitzenposition beibehalten wird.	100 %	Ergebnisse betreffen alle relevanten Bereiche und Tätigkeiten.

Diese einzelnen **Elemente** existieren – dem einzelnen Anwalt bewußt oder nicht – auch **in jeder Kanzlei**. Insofern ist die von den Qualitätsexperten für den European Quality Award, und fast inhaltsgleich für den als Vorbild dienenden MBNQA, vorgenommene Wertung interessant. Branchenunabhängig wird den „eigentlichen" **Arbeitsprozessen** nur ein **Gewicht** von **14 %** an der **Qualität** zugemessen! **Wichtigstes Qualitätskriterium** ist die **Kundenzufriedenheit**, bei einer Kanzlei entspricht dies der Zufriedenheit der Mandanten mit der anwaltlichen Leistung, mit einem Gesamtgewicht von 20 %. Es folgen die wirtschaftlichen Ergebnisse (15 %), Arbeitsabläufe (= Prozesse, 14 %), Führung (10 %), die Ausrichtung und die Zufriedenheit der Mitarbeiter (jeweils 9 %), der Umgang mit finanziellen, sachlichen und technischen Mitteln (= Ressourcen, 9 %), die Fähigkeit zur Bestimmung der eigenen Ziele (= Politik und Strategie, 8 %) und schließlich die Verantwortung gegenüber der Gesellschaft (6 %).

Teilnehmer dieses Modells sind ganz überwiegend große Dienstleistungsunternehmen, einschließlich Banken, Versicherungen und Unternehmensberatern. Sie alle nehmen für sich die Besonderheiten ihrer Branche, einen Berufscodex und ein Standesbewußtsein in Anspruch. Die Gewichtung der verschiedenen Qualitätselemente gilt jedoch für alle in gleichem Maße. Auch wenn sich bisher keine europäische Anwaltskanzlei an dem Verfahren Qualitätsmodell beteiligt hat, stellt sich die Frage der Bedeutung von Qualitätsbereichen wie Mandantenzufriedenheit, Mitarbeiterorientierung und der Definition eigener Ziele auch für Kanzleien.

Die, wenn überhaupt, ausschließliche Fokussierung von Qualitätsanstrengungen von Anwaltskanzleien im Zuge der **ISO-Zertifizierung** auf die Arbeitsabläufe sollte angesichts der relativ starken Gewichtung der übrigen Elemente im Europäischen Qualitätsmodell zum Nachdenken anregen: Wenn selbst für Großunternehmen, in denen viele Fertigungsprozesse

Einleitung

standardisiert sind, nur 14 % der Qualität von diesen Arbeitsabläufen abhängt, wie sehr muß dies für Anwaltskanzleien gelten? Welches Gewicht ist den Büroabläufen im Verhältnis zum letztlich entscheidenden Qualitätsurteil des Mandanten zuzuordnen? Welches Gewicht kommt den Anwälten selbst (ihrer Persönlichkeit, ihrem Engagement) und den Mitarbeitern zu? Wie sehr hängt die Qualität der anwaltlichen Leistung davon ab, ob und wenn ja welche Ziele sich die Kanzlei langfristig gesteckt hat?

Die Prozeßbezogenheit der ISO-Zertifizierung wird aus dem nachfolgenden Schaubild ersichtlich. Dort ist eine Synopse der Teilübereinstimmung des vorliegenden Modells mit dem Qualitätspreis European Quality Award so wie mit den ISO-Normen und dem englischen anwaltspezifischen PMS-System[22] dargestellt[23]. Im Hinblick auf die Übereinstimmung mit TQM kommt das vorliegende Modell ebenso wie das Modell des European Quality Awards der TQM-Philosophie am nächsten und entspricht dieser inhaltlich zu 100%. Das englische Modell umfaßt immerhin noch 50% anwaltspezifischer Leistungselemente, während die ISO-Zertifizierung keinerlei anwaltspezifische Qualität, sondern nur Prozeßqualitäten umfaßt. Diese machen allerdings zwischen 10 und 20 % der Dienstleistung einer Anwaltskanzlei aus, nämlich allgemeine Verwaltungstätigkeit. Hierunter fallen standardisierbare Arbeitsabläufe wie computermäßige Kalenderführung, Aktenkontrolle, Fristenkontrolle, usw. Hierbei handelt es sich, wie unschwer zu erkennen ist, hauptsächlich um reine **Büroorganisationsabläufe**.

---

22 Siehe im einzelnen hierzu weiter unten S. 41.
23 In den Spalten sind die Vergleichsmodelle jeweils nach der für diese Modelle geltenden Kapitelbezifferung bzw. Buchstabenbezeichnung der Kapitel angegeben. Die Ziffern des European Quality Award finden sich im Schaubild auf Seite 31 wieder. Die Ziffern 4.1 bis 4.20 in der Spalte „ISO-9001" entsprechen den 20 zugehörigen Normen. Diese sind in Anhang 2 in Kurzfassung wiedergegeben. Die Buchstaben A bis F bezeichnen die Kapitel im englischen PMS-Modell. Auf die Wiedergabe des Textes wurde aus Platzgründen verzichtet.

Einleitung

DAV-Modell	EQA Elemente	ISO 9001 Norm	PMS Kapitel
Kapitel 1: Kanzleiziele und Strategien	2	4.1	B
Kapitel 2: Kanzleiführung	1	4.1, 4.2	A
Kapitel 3: Mitarbeiterorientierung und Mitarbeiterzufriedenheit	3 und 7	4.18	D
Kapitel 4: Umgang mit Ressourcen und Geschäftsergebnisse	4 und 9	4.1	A/B/C/E
Kapitel 5: Arbeitsabläufe	5	4.3, 4.4, 4.5, 4.6, 4.7, 4.8, 4.9, 4.10, 4.11, 4.12, 4.13, 4.14, 4.15, 4.16, 4.17, 4.19, 4.20	E/F
Kapitel 6: Mandantenzufriedenheit	6		F
Kapitel 7: Gesellschaftliche Nutzenstiftung	8		
Deckung mit vorliegendem Modell in %	100	10–20	50

Wie aus dem Schaubild erkennbar, sind 17 von 20 ISO-Normen der Reihe 9001 ausschließlich auf standardisierte Arbeitsprozesse ausgerichtet. Nur 3 Normen beschäftigen sich mit den übrigen 8 Qualitätselementen des European Quality Awards.

Es sind daher hauptsächlich die internationalen Qualitätspreise sowie auch das englische PMS-Modell geeignete Modelle, die Anwaltskanzleien zur Orientierung dienen können und daher auch diesen Leitfaden mit geprägt haben.

c) Anwaltspezifische Modelle

In einigen europäischen und außereuropäischen Ländern existieren anwaltspezifische Qualitätsmodelle ausländischer Anwaltsorganisationen. Hiervon sollen exemplarisch das niederländische, das neuseeländisch/australische sowie verschiedene englische Modelle vorgestellt werden[24]:

Das vorläufige **niederländische Modell** des Nederlandse Orde van Advocaten hat einen eigenen Leitfaden für Qualitätsmanagement für seine Mitglieder herausgegeben. Dieser ist auf die Zertifizierung eines Qualitätsmanagementssystems ausgerichtet. Die niederländische Anwaltsvereinigung begreift dieses Modell als ersten Ansatz zum TQM.

Bei diesem Modell handelt es sich um ein an stark an die ISO-Zertifizierung in Form und Aufbau angelehntes Zertifizierungsmodell. Inhaltlich ist es durch eine starke Ausrichtung auf Büroprozesse zu Lasten sonstiger auf das Unternehmen Rechtsanwalt bezogener Qualitätselemente gekennzeichnet. Der Umfang des Leitfadens sowie der Aufgabenstellung weisen eine starke Tendenz zur Bürokratisierung und Pedanterie auf. Er ist bisher bei der Anwaltschaft nur auf wenig Resonanz gestoßen. Der Orde hat deshalb einen Ausschuß eingesetzt, der das System verbessern bzw. einen neuen Weg einschlagen soll.

Einen ähnlichen Ansatz gibt es seit 1993 in **Neuseeland/Australien**. Dort haben sich Anwaltskanzleien sowie einige Justizbehörden (z. B. das Büro der Staatsanwaltschaft des Landes New South Wales) zu einem Verein, Quality in Law Inc.,

---

24 Zur Situation in den U.S.A. vgl. etwa *N. Blodgett,* Law Firm Pioneers Explore New Territory, Quality Progress, 1990, S. 90; *S. Goldberg*, The Quest for TQM, ABA Journal Nov. 1993, S. 52; *J. Walker/B. Ciaramitaro*, Total Quality in Action, ABA Section of Law Practice Mgl. 1994.

zusammengeschlossen. Der Verein entwickelte in Zusammenarbeit mit dem australischen Qualitätsrat ein eigenes, stark an die ISO-Normen angelehntes, Normsystem für Anwaltskanzleien. Positiv ist hierbei der Versuch, die allgemeine und abstrakte Fassung der ISO-Normen zu überwinden, und sie den Besonderheiten des anwaltlichen Berufsstandes anzupassen. Allerdings weist das Modell immer noch eine so starke Anlehnung an die ISO-Normen auf, daß zum einen die aus TQM-Sicht wichtigsten Aspekte (Mandantenzufriedenheit, Mitarbeiterorientierung, Finanzpolitik, Allgemeine Kompetenzzuweisung durch die Kanzleiführung) insgesamt fehlen und andererseits eine zu große Betonung der Dokumentation des Qualitätssystems vorliegt. Die relativ gute Akzeptanz beruht auch darauf, daß ihre Umsetzung von öffentlichen Auftraggebern zur Bedingung einer Mandatierung gemacht wird.

In **England** existieren parallel verschiedene Qualitätsmodelle nämlich neben ISO 9000 das staatliche IIP-Modell sowie die sogenannten Practice Management Standards (nachfolgend PMS) der englischen Law Society.

Praktisch bedeutsam ist für englische Kanzleien in erster Linie das sog. **PMS-Modell**. Das PMS-Modell geht über das Regelungsgeflecht ISO 9000 hinaus, umfaßt aber auch die Anforderungen von ISO 9000. Es komplettiert die Qualitätsanforderungen auf die spezifisch anwaltlichen Belange hin. Das PMS-Modell ist vom systematischen Ansatz Bestandteil des englischen „legal aid systems": um die „Lizenz" zur Annahmeprüfung und Gewährung von „legal aid"-Mandaten in England zu erhalten, müssen die Kanzleien u. a. die Voraussetzungen des PMS-Systems der für die Vergabe dieser Lizenzen zuständigen Behörden nachweisen. Allerdings ist das englische Gebührensystem nicht mit dem deutschen System nach der BRAGO oder dem deutschen Prozeßkostenhilfesystem vergleichbar. Dies hat dazu geführt, daß sich z.Zt.[25] ca. 1.200 von etwa 11.000 englischen Kanzleien freiwillig und teilweise parallel zu anderen Programmen den Regeln des PMS-Systems der Law Society unterwerfen.

Dem gegenüber haben die konkurrierenden Modelle ISO 9000 (früher BS 5750) sowie IIP (Investors in People) nur eine geringe Resonanz mit ca. 50 bzw. 40 geprüften Kanzleien in England.

Das PMS-System weist gegenüber dem Modell der Niederländer die größere Sachnähe zur anwaltlichen Kernleistung und sonstigen Qualitätselementen sowie eine relative Unabhängigkeit von den ISO-Normen und den damit verbundenen Beratungsbedarf sowie den Zertifizierungskosten auf[26].

Ebenso wie alle anderen ausländischen anwaltspezifischen Modelle sind diese weder unmittelbar noch mittelbar, d. h. im Wege bloßer Übersetzung ins Deutsche, auf deutsche Anwaltskanzleien anwendbar. Vielmehr sind die nationalen Besonderheiten sowie insbesondere das jeweilige anwaltliche Standesrecht zu berücksichtigen. Auch beim vollständig prüfbaren PMS-System besteht Einigkeit darüber, daß der juristische Kernbereich der anwaltlichen Leistung selbst keiner meßbaren Leistungskontrolle unterliegen soll.

6. Zum Aufbau dieses Leitfadens

Der Aufbau des nachfolgenden Hauptteils, d. h. des vorliegenden TQM-Modells, orientiert sich an den Vorgaben der

---

[25] Stand 01.07.1996. Die Angaben beruhen auf der Auskunft der Englischen Law Society.
[26] Eine Fülle hervorragender praktischer TQM-Anregungen auch für den deutschen (der englischen Sprache mächtigen) Anwalt findet sich im *„Solicitors' Guide to Good Management"* der englischen Law Society.

Einleitung

weltweit anerkannten TQM-Modelle des European Quality Awards[27], des Malcolm Baldrige National Quality Awards sowie des englischen PMS-Modells. Dessen TQM-Elemente wurden auf die Besonderheiten des anwaltlichen Berufs unter Berücksichtigung und Wahrung der Bundesrechtsanwaltsordnung sowie der sonstigen gesetzlichen und berufsrechtlichen Vorgaben kombiniert.

Von den anwaltsspezifischen Modellen konnte grundsätzlich nur das englische PMS-Modell in Ansätzen einen Vorbildcharakter für diesen Leitfaden haben. Die übrigen Modelle wiesen eine zu starke „Dokumentationslastigkeit" auf, wie sie leider auch die ISO-Zertifizierung aufweist. Die richtigen und guten Gedanken, die den ISO-Normen zugrunde liegen, leiden unter der teilweise unglücklichen Formulierung. Jedem, der sich ernsthaft mit dem Thema der ISO-Zertifizierung auseinandersetzen will, sei daher die Lektüre der 20 Elemente des Qualitätssystems nach der Norm EN ISO 9001 dringend empfohlen. Der „Normtext" ist im Gegensatz zu Gesetzestexten urheberrechtlich geschützt und aus diesem Grunde nur in einer stark verkürzten Übersicht als Anhang 2 wiedergegeben.

---

27 Vgl. insbesondere das Schaubild auf S. 31. Die nachfolgende Kapitelaufteilung orientiert sich insbesondere an den dortigen Gewichtungselementen des EQA.

Kapitel 1: Kanzleiziele und Strategien

Was ist Gegenstand dieses Kapitels?

Gegenstand dieses Kapitels ist die Bewußtmachung und Definition von Kanzleizielen und von Strategien zur Erreichung dieser Ziele. Vielleicht werden Sie fragen, was das mit einer Rechtsanwaltskanzlei zu tun hat? Nun, auch die Existenz und Entwicklung einer Anwaltskanzlei sowie die Tätigkeit ihrer Rechtsanwälte und sonstigen Mitarbeiter ist in ihrer jeweils gegebenen Ausrichtung her keineswegs so selbstverständlich, wie dies auf Anhieb scheinen mag.

Der Zweck des vorliegenden Qualitätsmodells ist allgemein, Anstöße zur **Verbesserung** Ihrer Kanzlei zu geben. Unabhängig davon, welche Anwälte das Schicksal Ihrer Kanzlei konkret bestimmen, sollen diese nachfolgend vereinfacht als „**Kanzleiführung**" bezeichnet werden. Diese Kanzleiführung bestimmt auch die „Marschrichtung" der Kanzlei. Diese Marschrichtung ist auf ein oder mehrere – hoffentlich gemeinsame – Ziele hin angelegt. Diese Ziele sind „**Kanzleiziele**", die möglichen Wege zu diesen Zielen sind „**Strategien**". Die Kanzleiführung sollte sich über die Kanzleiziele und die Strategien Gedanken machen, sie konkretisieren und schriftlich festhalten. Warum aber sollte die Kanzleiführung dies tun?

Beispiel 2: Seit 16 Jahren bilden die Rechtsanwälte Reich (50), Dr. Schlau (47) und Schön (48) eine Sozietät. Alle sind gleichberechtigte Partner. Der Gewinn wird nach Köpfen geteilt. Sie hatten sich seinerzeit als ehemalige Referendarkollegen zusammengefunden. Jeder hat im Lauf der Jahre „seine" Rechtsgebiete innerhalb der Kanzlei ausgebaut und sich einen Mandantenkreis geschaffen. Reich legt Wert auf finanziell lukrative Mandate, vornehmlich aus dem arbeitsintensiven Bereich des Gesellschaftsrechts. Die Mandanten sind überwiegend reiche „Kaufleute", also Unternehmer. Dr. Schlau hat sein Leben der Rechtswissenschaft gewidmet und verwendet über 50 % seiner täglichen Arbeitszeit auf das Studieren und Schreiben von rechtswissenschaftlichen Abhandlungen. Als Rechtsanwalt hat er sich auf die Gebiete öffentliches Baurecht und Abgabenrecht spezialisiert. RA Schön ist als Familienrechtler stadtbekannter Vertreter gutaussehender und wohlhabender Damen. Am traditionell gefeierten Jahrestag der Kanzleigründung kommt es zu einem Zerwürfnis der Sozien: Reich wirft Dr. Schlau vor, seine Arbeitskraft mit „wissenschaftlichem Schnickschnack" zu vergeuden, statt wirtschaftlich lukrative Mandanten zu akquirieren. Dr. Schlau hält daraufhin Schön und Reich vor, sich auf „juristisch höchst mittelmäßigem Niveau zu bewegen" und sich bei den Mandanten „anzubiedern". Schön „treibe sich zudem herum" und „ruiniere den Ruf der Kanzlei". Schön bezeichnet sowohl Reich als auch Dr. Schlau als „Arbeitsbesessene", er selbst sei als einziger in der Lage, das Leben zu genießen. Sie beschließen, künftig beruflich getrennte Wege zu gehen.

Wenn es – scheinbar plötzlich und ohne ersichtlichen Grund – zu einer für den Bestand der Kanzlei entscheidenden **Auseinandersetzung unter den Sozien** kommt und die Kanzlei in ihrem Bestand auseinanderbricht, dann liegt dies zumeist an einem **mangelnden Konsens** über die **Kanzleiziele**. Viele Kanzleien bemerken vielleicht nicht einmal, daß ihre Mitglieder sich in völlig verschiedene Richtungen bewegen. Unbeschadet der Tatsache, daß auch persönliche Antipathien eine Sozietät sprengen können, sind diese Antipathien selbst oft nur Folge, nicht jedoch Grund der Auseinandersetzung. Wo sich alle Mitglieder einer Kanzlei in eine Richtung, nämlich in die des vereinbarten Zieles bewegen, ist die Gefahr solcher Auseinandersetzungen auf ein Minimum reduziert und eine gute Voraussetzung für eine dynamische Entwicklung gegeben. Auch wenn eine Zielidentität aller Anwälte einer Kanzlei ideal sein mag, notwendig ist sie nicht, geschweige denn realistisch. Notwendig ist jedoch, Unterschiede bewußt zu machen und auf ihre gegenseitige Kompatibilität hin zu prüfen.

Der Prozeß der Zielbildung und Zielformulierung schafft einen Konsens und deckt vorhandene Meinungsverschiedenheiten auf. Nur ein dauerhafter Zusammenschluß im Hinblick auf ein oder mehrere gemeinsame Ziele ermöglicht auch das dauerhafte Überleben einer Anwaltskanzlei. Es geht also um mögliche Ziele. Diese Kanzleiziele sind nicht um ihrer selbst willen von Bedeutung, sondern für „die Kanzlei". Die Kanzlei, das sind nicht nur die **Sozien**, sondern auch ihre **Mitarbeiter**. Und was ist eine Kanzlei ohne **Mandanten**? Auch die Mandanten gehören zur Kanzlei. Der **Staat**, also die **Gesellschaft**, gehört als rechtliches und soziales Fundament „irgendwie" auch zur Kanzlei. Ziele können für alle diese **„Anspruchsgruppen"** formuliert werden. Welche dieser Anspruchsgruppen von der Kanzleiführung für Wert gehalten werden, als eigenständige Zielgruppe bedacht zu werden, das bestimmt sie selbst.

Aus der **TQM-Perspektive** kann für alle potentielle Ziele eine einfache aber brauchbare Regel aufgestellt werden:

> „Behandeln Sie jeden innerhalb der Kanzlei und außerhalb der Kanzlei so, wie Sie an seiner Stelle selbst behandelt werden möchten!"

Auch außerhalb der Kanzleiführung sollte sich jeder Mitarbeiter der Kanzlei dazu verpflichten, sein gesamtes Verhalten gegenüber allen Mitgliedern der Kanzlei und allen externen Anspruchsgruppen so auszurichten, wie er selbst als Mitglied einer solchen Gruppe behandelt werden möchte.

Kanzleiziele und Strategien

Was aber können und was müssen diese **Kanzleiziele konkret** umfassen? Zur Umsetzung des TQM-Modells müssen Sie jedenfalls die TQM-Philosophie zum Bestandteil der Unternehmensziele machen. Das **„TQM-Ziel"** könnte beispielsweise besonders knapp so formuliert werden:

> „Die Rechtsanwälte und Mitarbeiter der Kanzlei Rechtsanwälte Meier und Partner streben bei allen Leistungen und beruflichen Tätigkeiten gegenüber Mandanten, der Gesellschaft und untereinander stets die bestmögliche Qualität im Sinn von TQM an."

Eine ordentliche Zielformulierung ist jedoch weniger allgemein gehalten, sondern umfaßt konkretisierte Einzelziele. Diese **anderen Ziele** können Sie für die Kanzlei **autonom** bestimmen. Sie können, müssen jedoch nicht mit den gesetzlichen Aufgaben und Funktionen des Rechtsanwalts identisch sein. Unter Qualitätsgesichtspunkten kann sich eine Kanzlei zum Beispiel zum Ziel setzen, auf einem oder mehreren Rechtsgebieten in einem bestimmten Gebiet der „Mercedes" unter den Anwälten zu sein; genauso gut kann sie es für sinnvoll halten, den VW-Golf oder anderes Qualitätsprodukt zum Symbol zu erheben. Unter dem Gesichtspunkt „Freude am Anwaltsberuf" kann sich die Kanzlei zum Ziel setzen, die Kanzlei zu sein, in der jeder Anwalt gerne tätig sein würde usw. Mehrere Ziele können dabei auch in eine Rangfolge gesetzt werden.

Eine amerikanische Kanzlei hat ihre Ziele beispielsweise folgendermaßen abgefaßt:

> „TPGL ist eine Kanzlei, für die der Mandant an oberster Stelle steht und die sich darauf festgelegt hat, herausragende anwaltliche Dienstleistungen mit nachvollziehbarem Aufwand zu erbringen und Verantwortung im gesellschaftlichen Umfeld zu übernehmen. TPGL hat sich

den Grundsätzen von Qualität, Integrität, Loyalität und Vertrauenswürdigkeit verschrieben, arbeitet für wirtschaftliches Wohlergehen und Lebensqualität aller, für die TPGL da ist. Auf der Grundlage einer Tradition hoher moralischer Ansprüche, gegenseitiger Achtung und Professionalität bemüht TPGL sich beständig um Verbesserung durch Innovation, gemeinsame Zielsetzungen und Vertrauen zueinander."[1]

Ob ein Rechtsanwalt in einer Kanzlei Berufsanfänger ist, ob es sich um einen „angesehenen" Kollegen in einer großen Kanzlei handelt oder ob es sich um einen Rechtsanwalt mit einer Berufserfahrung von 40 Jahren handelt, sie sind alle Organe der Rechtspflege. Gleichzeitig ist der Rechtsanwalt seinem Mandanten verpflichtet. Dasein und Sinn des Anwaltslebens sind jedoch nicht auf diese beiden Institutionen bzw. Gruppen beschränkt. Vielmehr tritt der einzelne Rechtsanwalt ganz verschiedenen Institutionen, also Anspruchsgruppen, gegenüber. Diese Anspruchsgruppen, denen der Anwalt verpflichtet ist, können, wie oben bereits angedeutet, zunächst nach außerhalb und innerhalb der Kanzlei stehenden Personen bzw. Institutionen differenziert werden. Innerhalb der Kanzlei sind zunächst die dort tätigen Rechtsanwälte selbst sich gegenseitig verpflichtete Personen: Jeder stellt an den Kollegen innerhalb der Kanzlei den Anspruch, fair, kollegial, kompetent usw. behandelt zu werden.

In der Kanzlei kann ein Einzelanwalt tätig sein, bei den Rechtsanwälten kann es sich um Partner als Gesellschafter handeln, es können angestellte Anwälte, Syndikusanwälte oder Freiberufler sein. Je nach dem Status können wiederum ganz verschiedene Interessen aufeinanderprallen oder kombiniert werden. Auch dem Berufsanfänger ist seine Stellung als Organ

---

1 Übersetzt nach Zitat in N. Blodgett, Lawfirm Pioneers, Quality Progress, 1996, S. 91.

der Rechtspflege nach § 1 BRAO bewußt. Wichtig ist ihm die berufliche Perspektive. Lebenswichtig aber ist für vor allem die Sicherung seines Einkommens. Auch bei finanziellen Problemen soll er seine Unabhängigkeit wahren[2]. Diese Unabhängigkeit, die dem Richter oder beamteten Juristen durch den Staat gewährleistet wird, muß sich der Berufsanfänger jedoch verdienen, möglicherweise erkämpfen.

Rechtsanwälte, die mit einem einigermaßen sicheren Einkommen rechnen zu können glauben, möchten ihr Vermögen mehren, für das Alter vorsorgen. Neben oder noch vor gesicherter finanzieller Perspektive stehen Entfaltung eigener Ideen und Fähigkeiten, Wahrnehmung interessanter Mandate und Entwicklung eines kompatiblen beruflichen Umfelds, aber auch Planung der Freizeit und Zeit für Familie und Freunde. Einfluß und Prestige des Anwalts sind ebenso legitime und allseits gelebte Interessen wie privates Wohlergehen.

Neben den Rechtsanwälten innerhalb der Kanzlei findet sich als weitere interne Anspruchsgruppe die Mitarbeiterschaft. Unter Umständen beschäftigt die Kanzlei zahlreiche Mitarbeiter, angefangen von Rechtsreferendaren über Bürovorsteher, Sekretärinnen, Auszubildende bis zu sonstigen Hilfskräften. Auch diese haben ein legitimes Interesse daran, ihre Ansprüche zu befriedigen. Auch diese Anspruchsgruppe hat Anspruch auf sinnvolle Betätigung und Entfaltung der eigenen Persönlichkeit, Einkommen, soziale Sicherheit, zwischenmenschliche Kontakte, d. h. Selbstverwirklichung innerhalb der Gruppe, sowie ihrerseits auf Anerkennung und Prestige.

Außerhalb der Kanzlei stehen weitere Anspruchsgruppen, nämlich die Mandanten, die eine richtige Rechtsberatung zu

---

[2] Zum Problem der Unabhängigkeit trotz wirtschaftlicher Abhängigkeit in verschiedener Hinsicht vgl: Feuerich/Braun, BRAO Kommentar, 3. Aufl. 1995, § 1, Rz. 16 ff.; zur Dynamik von Unternehmenszielen: Mauer/Krämer, Marketingstrategien, Rz. 137 ff.

angemessenen Preisen sowie sonstigen Konditionen erwartet. Eine weitere Anspruchsgruppe stellen „Lieferanten" dar. Hierunter fallen alle nicht als Mitarbeiter beschäftigten Personengruppen und Institutionen, die im Güter- und Dienstleistungsaustausch mit der Kanzlei stehen, z. B. ein Sachverständiger, ein Korrespondenzanwalt oder ein Computerlieferant.

Weiterhin steht als Anspruchsgruppe auch die Anwaltschaft als „Konkurrenz" neben der einzelnen Kanzlei. Sie hat die Erwartung und den Anspruch an die einzelne Kanzlei, daß sie faire Grundsätze und Spielregeln des Berufsrechts sowie des Marktes einhält. Der Anspruch kann darüber hinaus auf eine kooperative und produktive Zusammenarbeit abzielen. Als letzte und wichtige Anspruchsgruppe steht schließlich der Staat selber einschließlich der institutionalisierten „Rechtspflege" der Kanzlei gegenüber. Der Staat erwartet von der einzelnen Anwaltskanzlei, daß sie durch die in ihr tätigen Rechtsanwälte in ihrer Funktion als Organe der Rechtspflege dem Staat dient. Der Staat stellt aber noch viele weitere Ansprüche an die Kanzlei. Er erwartet, daß sie zum Wohl der Volkswirtschaft beiträgt, Arbeitsplätze bereitstellt und sich um die Ausbildung des Nachwuchses kümmert. Der Staat erwartet Zahlung von Steuern und Abführung von Sozialleistungen, positive Beiträge zur jeweiligen Infrastruktur, Einhaltung der Rechtsordnung, Teilnahme an der politischen Willensbildung und Förderung von kulturellen, wissenschaftlichen und sozialen Einrichtungen.

Das meiste werden Sie für bare Selbstverständlichkeit halten. Ziele liegen also bereits vor Ihnen, auch wenn Sie sich ihrer nicht bewußt sein mögen, sie jedenfalls nicht schriftlich formuliert haben. Letztendlich hat jeder Rechtsanwalt und jede Kanzlei ein gelebtes Wertsystem, ob sie sich dessen bewußt sind oder nicht. Wie aus dem Beispiel der Kanzlei Reich, Dr.

Schlau und Schön ersichtlich, sind jedoch Ihre **persönlichen Ziele** und die **Ziele der Kanzlei(-führung)** möglicherweise **nicht deckungsgleich**. Hierin liegt eine **Gefahr für die Kanzlei**, die durch eine bewußte und gemeinsame Zielformulierung der Kanzleiführung vermindert werden kann. Dies hat nichts mit der Formulierung von Bekenntnissen in wohlklingenden Phrasen, sondern mit dem Bewußtsein über implizite Wertvorstellungen des tatsächlichen eigenen Handelns zu tun. Im genannten Beispiel fehlt eine frühzeitige Festlegung und Gewichtung der Kanzleiziele: Entwicklung fachlicher Schwerpunkte, wirtschaftliche Betätigung, Arbeitseinsatz und juristische Qualität.

Beispiel 3: In der Stadt S im Bundesland Sachsen haben sich drei Rechtsanwälte mit dem Ziel des Aufbaus einer sehr spezialisierten Kanzlei auf dem Gebiet des Arzneimittelrechts zusammengeschlossen. Sie streben eine hohe gesellschaftliche Anerkennung in der Stadt S sowie bundesweit eine fachliche Anerkennung seitens der vom Arzneimittelrecht betroffenen Unternehmen, Verbände und Behörden an. Die Rechtsanwälte und Mitarbeiter sollen Freude am Beruf durch die hohe Qualität der erbrachten Leistungen haben. Eine einfache und knappe und Zielformulierung dieser Anwaltskanzlei könnte beispielsweise lauten:

> „Die Kanzlei Schwarz, Rot, Gold verfolgt das Ziel, die beste und angesehenste Kanzlei Sachsens auf dem Gebiet des Arzneimittelrechts zu werden und hierbei die Interessen der Gesellschaft, der Mandanten sowie aller Rechtsanwälte und Mitarbeiter der Kanzlei in bestmöglicher Weise zu sichern und zu fördern."

Daß diese Kanzlei durch jeden einzelnen Anwalt selbstverständlich zu allen anwaltlichen Grundtugenden verpflichtet ist und bleibt, zwingt sie gleichwohl nicht, diese Grundtugenden zu Kanzleizielen zu erheben. In der Wahl der Unternehmensziele ist jede Kanzlei autonom.

Beispiel 4: Rechtsanwalt Meier (60) betreibt seit 30 Jahren als Einzelanwalt eine Kanzlei in der Kleinstadt K mit 30.000 Einwohnern. In K gibt es ein Amtsgericht, die Zahl der niedergelassenen Anwälte hat sich von 4 zur Zeit der Zulassung von Meier auf mittlerweile 17 erhöht. Meier begreift sich als „klassischen" Rechtsanwalt, d. h. berufenen Vertreter in allen Rechtsangelegenheiten. Er berät und vertritt allerdings keine Mandanten auf den Gebieten Steuerrecht, Sozialrecht und Ausländerrecht. An Rechtsanwalt Meiers Seite arbeitet seit 30 Jahren Frau Treu als ungelernte Halbtagskraft. Meier legt Wert darauf, stets eine Auszubildende zu beschäftigen.

Auch wenn es dem einzelnen Anwalt befremdlich erscheint, für sich selbst schriftlich eine „Mission" festzuhalten, sollte er sich dennoch bewußt Ziele setzen und diese verfolgen. Hierbei ist das schriftliche Abfassen eine große Hilfe. Seine Kanzleiziele kann Rechtsanwalt Meier z. B. so formulieren:

> „Die Kanzlei Meier berät in K Privatpersonen und Firmen in allen laufenden gerichtlichen und außergerichtlichen Angelegenheiten, ausgenommen Steuerrecht, Sozialrecht und Ausländerrecht. Ziel ist die rasche Erteilung von Rechtsrat, getragen von Berufserfahrung, Überblick über das gesamte Rechtssystem und einem engen, persönlichen Verhältnis zu den Mandanten.
> Die Kanzlei bildet die wirtschaftliche Grundlage für einen Rechtsanwalt sowie eine Halbtagssekretärin. Es sollte stets eine Rechtsanwaltsfachangestellte ausgebildet werden."

Aus den Beispielen 3 und 4 wird ersichtlich: Da die Kanzlei in der Wahl und Bildung ihrer Ziele frei ist, kann sie niemand – auch nicht „über TQM" – dazu zwingen, als Unternehmensziele „Expansion", „Umsatzsteigerung" oder „Spezialisierung" zu bestimmen. Niemand, weder TQM noch ISO 9000, zwingen eine Kanzlei zur Anschaffung auch nur eines Computers oder Faxgerätes. Daß dies zur Erreichung eines bestimmten Grades von Qualität förderlich sein kann, ist eine ganz andere Frage.

Wie die Kanzleiziele gebildet und formuliert werden, wird nachfolgend aufgelistet. Zuvor ist jedoch noch auf die sog. **„Strategien"** einzugehen. Während die Kanzleiziele bildlich gesprochen die Lebensziele der Kanzlei sind, handelt es sich bei Strategien um **die einzuschlagenden Wege**, um diese Ziele zu erreichen. Die Strategien sind also mögliche Wege zum Ziel. Die Strategien sollen die zukünftige Entwicklung der Kanzlei konkretisieren, ohne sie in den operativen Details bereits festzulegen. Eine Hauptaufgabe ist die Identifikation und Lösung der strategischen Probleme.

Die Strategien sind auf längere Zeiträume, gewöhnlich **drei bis fünf Jahre**, ausgerichtete **Rahmenpläne**, die die Eckpfeiler und äußeren Grenzen des operativen Geschäftes bestimmen. Im Beispiel 3 der Kanzlei Schwarz, Rot, Gold würde diese also in ihrer strategischen Planung bestimmen und planen, was zur Erreichung des Ziels erforderlich ist. Hierzu kann zählen:

– Herstellung von Kontakten zu entsprechenden Verbänden und externen Anspruchsgruppen;
– andere Marketing-Maßnahmen (z. B. Fachpublikationen, Veranstalten von Mandanten-Seminaren);
– Fortbildung der Rechtsanwälte auf dem festgelegten Rechtsgebiet;
– Mitarbeiterschulung und Verbesserung der internen Organisationsstruktur;
– Planung des finanziellen Budgets;

– Planung der Anzahl von Rechtsanwälten und Mitarbeitern.

Nicht zur strategischen Planung, sondern zur konkreten **Umsetzung**, die im einzelnen den nachfolgenden Kapiteln zugeordnet ist, zählt also beispielsweise, welcher konkrete Rechtsanwalt welche Mandanten in welchem Zeitraum zu betreuen hat oder welches Seminar zu welchem Zeitpunkt von einem bestimmten Mitarbeiter besucht werden soll. **Eine** Strategie könnte also in Beispiel 3 kurz so formuliert werden:

„Innerhalb von drei bis vier Jahren soll in der Stadt X ein weiterer Kanzleistandort mit maximal drei auf das Gebiet des Arzneimittelrechts spezialisierten Rechtsanwälten gegründet und aufgebaut werden mit dem Ziel, dauerhafte Mandatsbeziehungen zu den wichtigsten Unternehmen mit Beratungsbedarf auf dem Gebiet des Arzneimittelrechts herzustellen."

In Beispiel 4 hat Rechtsanwalt Meier als Problem den Wettbewerb durch die zugezogenen jungen Rechtsanwälte ausgemacht. Diese sind teilweise spezialisiert und bieten fachlich gute Rechtsberatung mit Hilfe moderner Technik an. Rechtsanwalt Meier muß also die Konkurrenz dadurch abwehren, daß er seine Stamm-Mandantschaft weiterhin an sich bindet. Er formuliert als Strategie:

„Innerhalb der nächsten 5 Jahre soll die Anzahl der Mandate um maximal 20 % sinken, die alten Dauermandanten X, Y und Z sollen langfristig durch vertiefte persönliche Kontakte gebunden werden."

Strategien sind also **Mittel zum Zweck** der Erreichung der selbst gesetzten internen und externen **Ziele**. Selbst wenn wirtschaftlicher Erfolg und Grundlage einer Kanzlei langfristig gesichert erscheinen sollten, ist die Formulierung von Zielen und Strategien zur Wahrung der Interessen sämtlicher Anspruchsgruppen und Sicherung einer geordneten Kanzleientwicklung geboten.

Was setzt TQM diesbezüglich voraus?

Die Anwendung des TQM-Modells in einer Rechtsanwaltskanzlei macht die Formulierung von Kanzleizielen und Strategien zwingend erforderlich. TQM ist eine Aufgabe, eine Funktion der Verbesserung. Diese Funktion benötigt also zwingend einen Bezugspunkt, der als Fundament des Unternehmens Ziele und Strategien voraussetzt.

Was setzt ISO 9000 voraus?

Die Zertifizierungsnormen sind nicht auf die Schaffung einer Unternehmenskultur und eines Wertesystems ausgerichtet, sondern die Schaffung eines Qualitätssicherungs- bzw. Qualitätsmanagementsystems. Die DIN EN ISO 9001 verlangt in der Norm 4.1 lediglich, daß die Führung die Qualitätspolitik definiert, die Aufbau- und Ablauforganisation festlegt, sich für das Qualitätsmanagementsystem verantwortlich zeichnet und dieses regelmäßig bewertet.

Was muß die Kanzlei tun, um TQM-Motive umzusetzen?

1. Bestimmung einer Personengruppe, die die Kanzleiziele festlegen soll (**Zielbildungsgremium**), z. B. einzelne oder alle Sozien, bei einer Einzelkanzlei natürlich der einzelne Rechtsanwalt. Es handelt es sich bei der Zielbildung nicht notwendig um die Formulierung oder Änderung des Gesellschaftsvertrages. Die Bildung und Formulierung der

Kanzleiziele ist hiervon unabhängig. Sie finden sich jedoch häufig in der Präambel des Sozietätsvertrages.

2. Im Zielbildungsgremium sollte jeder einzelne sich seine Ziele bewußt machen und artikulieren. In einer oder mehreren **Strategiesitzungen** ist dann ein Konsens zu finden und diese Ziele als Unternehmensfundament schriftlich niederzulegen. Soweit die Kanzlei die TQM-Philosophie annimmt, sollte dies als eines der Unternehmensziele mitformuliert werden. Hierzu folgende „Checkliste":

   – Berufsmotive;
   – Tätigkeitsausrichtung/Mandate;
   – Arbeitseinsatz/Freizeit;
   – Stellenwert von Qualität;
   – Einkommen;
   – gesellschaftliche/politische Betätigung;
   – wissenschaftliche Tätigkeit;
   – Schwerpunktbildung;
   – Entwicklung/Expansion.

   Merke: Unternehmensziele sollten knapp formuliert (3–4 Sätze), aber möglichst konkret und unverwechselbar abgefaßt werden. Strategiesitzungen sind mühsam, aber lohnend. Ist die Zielformulierung endlich geglückt, sind ein Motivationsschub der unmittelbare und das sichere Fundament der langfristige Lohn.

3. Sobald die Kanzleiziele feststehen, kann die Unternehmens**strategie** entwickelt werden. Diese sollten sich in der Form von kurzgefaßten Rahmenplänen auf einen Zeitraum von 3 bis 5 Jahren beziehen und regelmäßig kontrolliert werden. Die Unternehmensstrategien sind nicht notwendig durch das Zielbildungsgremium aufzustellen. Die Aufgabe und Kompetenz der Strategiebildung kann

auch dem Kanzleimanagement, einem führenden Sozius oder einem „Strategieausschuß" übertragen werden. Die Strategien müssen zur Erreichung der Ziele nicht nur geeignet, sondern optimal auf die Zielerreichung ausgerichtet sein und auf rational gesicherten Informationen, also beispielsweise einer selbst durchgeführten Befragung oder Erhebung, beruhen.

4. Ziele und Strategien und die Art ihrer Umsetzung wird jedem Anwalt und jedem sonstigen Kanzleimitarbeiter nicht nur als Möglichkeit zur Kenntnisnahme, also als Dokument im Schrank, sondern durch verbale Kommunikation seitens der Kanzleiführung laufend **vermittelt**, um die Philosophie zu verinnerlichen. Diese „Verankerung" der TQM-Philosophie ist ein kontinuierlicher Prozeß, dies alleine deshalb, weil die konkrete Zusammensetzung der Anwälte und Mitarbeiter sich ändern kann. Für jede Aufgabe, die Bestandteil der Strategien ist, muß also auch eine persönliche **Zuständigkeit**, so auch für das Qualitätsmanagement, geschaffen werden.

5. Die Kanzleiziele können – ggf. auszugsweise – auch **Dritten**, z. B. als Teil einer Kanzleibroschüre zugänglich gemacht werden. Bewährt hat sich in gewerblichen Unternehmen ein Slogan (Motto). Entscheidend ist jedoch nicht das Abdrucken von Phrasen, sondern das Vorleben eines Wertesystems, daß auf den optimalen Nutzen aller Anspruchsgruppen ausgerichtet ist.

6. Wie jedes Wertesystem unterliegen auch die Kanzleiziele (einschließlich TQM) einem ständigen Wandel. Allerdings besteht ein grundlegender Unterschied zwischen Orientierungslosigkeit und Ziel**anpassung**. Die Kanzleiziele sollen in regelmäßigen Abständen von ca. 3 bis 5 Jahren auf ihre Konsensfähigkeit vom Zielbildungsgremium überprüft

werden. Kanzleistrategien sollten jährlich auf ihre Tauglichkeit überprüft und gegebenenfalls modifiziert werden. Größere Sozietäten werden ein eigenes Gremium (Ältestenrat, Strategieausschuß od. dgl.) hierfür einsetzen.

7. Auch die Hinzuziehung kompetenter Berater ist zu empfehlen. Dritte sind oftmals eher in der Lage, unbefangen das Bild der Kanzlei und ihre Veränderung zu beschreiben, Veränderungsbedarf aufzuzeigen und Spannungen auszugleichen. Auf diese Weise sichert die Kanzleiführung eine gewisse freiwillige externe Zweckmäßigkeitskontrolle Ihrer Zielbestimmung.

8. **Zusammenfassung**: Machen Sie sich Ihre Ziele (Kanzlei- und Berufsziele) bewußt und formulieren Sie diese Ziele schriftlich. Entwickeln Sie Strategien zur Erreichung dieser Ziele! Überprüfen Sie die Strategien und Ziele von Zeit zu Zeit.

Kapitel 2: Führung

Worum es in diesem Kapitel geht:

Es geht um die **Führung** ihrer Kanzlei. Mit Führung ist die **Zuweisung** der einzelnen Aufgaben und die **Überwachung** der korrekten Aufgabenwahrnehmung durch die einzelnen Mitarbeiter – einschließlich der Anwälte – gemeint. Führung ist eine Organisations- und Überwachungsaufgabe, die mit der Größe der Kanzlei anwächst.

Mit der Führungsaufgabe sind zahlreiche Probleme verknüpft, die nachfolgend in ihren Grundzügen angesprochen werden. Dieses Kapitel soll Sie dabei unterstützen, Verbesserungsmöglichkeiten Ihrer Aufgabenverteilung und Aufgabenkontrolle aufzuspüren und umzusetzen.

Führung bedeutet die **Schaffung** bzw. **Veränderung** von **Zuständigkeiten, Kompetenzen** und **Verantwortung**. Die Notwendigkeit der Festlegung von Zuständigkeiten ist unabhängig von der Kanzleigröße. Betreuung und Bearbeitung von Mandaten heißt eine Reihe von Aufgaben zu bewältigen: Z. B. die Annahme des Mandates, die Anlage und Verwaltung der Akten, das Führen von Mandantengesprächen, das Fertigen von Schriftsätzen, Verabreden und Wahrnehmen eines Termins mit der Gegenseite (Terminkalender etc.) und die Fertigung von Kostennoten. Aufgaben sind aber auch nicht mandatsbezogene Verwaltungstätigkeiten wie Beschaffung von Büromaterial, Einstellung einer Sekretärin, Überwachung der EDV-Wartung, Planung des Kanzleiausflugs. Je nach dem, wie weit diese Aufgaben spezifiziert werden, gibt es mehrere hundert Einzelaufgaben, die in einer Kanzlei zu bewältigen sind.

Beispiel 5: Grün (33) hat aufgrund seiner schlechten Examensnoten keine Anstellung gefunden. Er hat auch keine finanziellen Reserven. Um nicht untätig zu sein, sich jedoch auch nicht gleich zu verschulden, läßt sich Grün als Anwalt nieder und gründet in seinem Wohnzimmer eine Kanzlei. Dort erledigt er alles selbst: von der Aktenanlage, über das Telefonieren, das Schreiben der Schriftsätze bis zur Aktenablage und natürlich alle „eigentlichen" Anwaltsaufgaben: Mandanten beraten und Prozesse führen.

So makaber dies klingt: Die Aufgabenverteilung ist klar geregelt. Dieser Fall ist jedoch der einzige, in dem alles klar ist. Sobald der Rechtsanwalt auch nur eine Hilfskraft hat, muß er auch die Aufgaben der Kanzlei verteilen: auf sich und auf die Hilfskraft. Er muß auch kontrollieren, ob und wie die Hilfskraft die ihr übertragenen Aufgaben ausführt. In Beispiel 5 gilt dabei noch: **Kleine Kanzlei, kleine Führungsaufgabe.** Aber bereits hier ist es hilfreich, sich bei der Einstellung einer Hilfskraft nicht auf eine mündliche Delegation zu beschränken, sondern wichtige Aufgaben (Fristenkontrolle!) schriftlich und allgemein festzuhalten.

Die **Führungsaufgabe** jedes Unternehmens, also auch einer Anwaltskanzlei, **wächst** mit zunehmender Größe **überproportional** an. Dies ist im Ergebnis nicht weiter verwunderlich, ist das Phänomen doch aus dem Verwaltungsbereich bekannt: Ab einer bestimmten Größe eines Unternehmens wird es erforderlich, mit der Wahrnehmung bestimmter Aufgaben, z. B. Personalführung, Buchhaltung usw., einzelne Personen oder sogar ganze Abteilungen, ausschließlich zu beauftragen. Auch die Aufgabe der Koordination aller Aufgaben einer Kanzlei und deren Kontrolle kann ab einer bestimmten Größe die Beauftragung eines oder gar mehrerer Anwälte mit dieser Führungsaufgabe erforderlich machen. Dies wird auch in größeren Kanzleien so praktiziert (Verwaltungs- oder Geschäftsführender Sozius). Dies kann letztlich zu dem „Extremfall" führen, daß einzelne Anwälte im wesentlichen, zumindest zeitweise zu „Managern" werden. Was dabei für die einen wie ein „Horrorszenario" klingt, ist für andere bereits Realität.

Die Organisation der Kanzlei durch Verteilung der Aufgaben, z. B. verschiedener Rechtsgebiete zu verschiedenen Rechtsanwälten, Verwaltungsaufgaben zu verschiedenen Sekretärinnen ist kein Selbstzweck. Die Kanzleiführung hat vielmehr die Kanzleiziele im Blick, die erreicht werden sollen.

Organisation und Führung sind so eng miteinander verknüpft, daß sie hier zusammengefaßt dargestellt werden. Sie unterscheiden sich jedoch in der Form ihrer Durchsetzung. Organisieren bedeutet Schaffen formaler Verhaltensregeln. Verhaltensregeln sind abstrakt, d. h. unabhängig von der Besetzung bestimmter Positionen durch bestimmte Menschen. Auch diese Verhaltensregeln sollten schriftlich fixiert werden. Ziel ist die Festlegung der Organisationsstruktur der Kanzlei. Im einzelnen kann die Kanzleiführung z. B. bestimmen, daß „der Verwaltungssozius" „die Buchhaltung" oder „der Bürovorsteher" selbständig die Entnahmen vom Kanzleikonto auf die Privatkonten der Sozien überweisen darf oder daß es hierzu stets einer zweiten Unterschrift bedarf. Sie kann festlegen, daß alle Mandatsanfragen auf dem Gebiet des Steuerrechts ausschließlich an das „Dezernat Steuerrecht" weitergeleitet werden oder daß künftig die Post nicht mehr von der betreffenden Sekretärin, sondern zentral geöffnet und in Umlauf gegeben wird. Dies sind organisatorische Anweisungen, die unabhängig davon gelten, ob die konkrete Person, die die Stelle des Bürovorstehers gerade besetzt, Herr Karl-Heinz Kleingeld, anwesend, krank oder im Urlaub oder wer als sein Vertreter vorgesehen ist. Scheidet also Herr Kleingeld aus und wird die Stelle neu besetzt, dann gilt die formale

Ordnung fort, es sei denn, sie wird geändert. Gleiches gilt also für das Dezernat Steuerrecht, unabhängig davon, ob dies aus Rechtsanwalt Schmitz oder den Rechtsanwälten Hinz und Kunz besteht.

Die Organisationsstruktur einer Kanzlei sollte zur optischen Veranschaulichung abgebildet werden. Eine mögliche Form der Abbildung sind sog. **Organigramme**. Wie Sie ein solches Organigramm gestalten können, wird aus Anlage 3 ersichtlich.

Ein weiteres Mittel zur Erfassung von Aufgaben und Zuständigkeiten sind **Stellenbeschreibungen** der einzelnen Mitarbeiter. Beide, Organigramm und Stellenbeschreibung, haben eine selbstkontrollierende und veranschaulichende Funktion. Die Gefahr beider Darstellungsformen ist, daß sie nicht (mehr) mit der Realität übereinstimmen, sondern nur auf dem Papier existent sind. Man sollte sich keinesfalls von der Ästhetik eines umfangreichen Organigramms blenden lassen. Die dokumentierten Modelle sind nicht mehr und nicht weniger als Hilfsmittel. Die schönsten Organigramme und detailliertesten Stellenbeschreibungen nutzen nichts, wenn die Aufgabenwahrnehmung jedes einzelnen Mitarbeiters der Kanzlei letztendlich unkoordiniert und unkontrolliert abläuft, was zusätzlichen Zeitaufwand (Suchen, Nachfragen etc.) mit sich bringt, Reibungen hervorrufen kann (Kompetenzstreitigkeiten) und Haftungsrisiken (dadurch, daß sich niemand für zuständig hält und folglich eine Aufgabe nicht erledigt wird) vergrößert.

Von der Funktion her handelt es sich sowohl bei der Organisation der einzelnen Aufgaben wie bei der Führung der Mitarbeiter um Mittel der **Verhaltenssteuerung**. Mit ihrer Hilfe soll nämlich das Verhalten der Mitarbeiter, einschließlich der Rechtsanwälte, so koordiniert werden, daß die Kanzlei „funktioniert". Letztlich soll die Führung im besten Sinne des

Führung

Wortes zu den Kanzleizielen *hinführen*[1]. Sie soll motivieren und kommunizieren.

Führung im Sinne von Menschenführung bzw. Mitarbeiterführung bedeutet die persönliche **Beeinflussung des Verhaltens** eines anderen Menschen im Hinblick auf gemeinsame Ziele. Diese Beeinflussung erfolgt durch Ihre **Autorität**. Diese kann beruhen auf:

- **Fachautorität**;
- **Persönlichkeitsautorität**;
- **Positionsautorität**.

Die drei Autoritätsformen können in einer Person zusammenfallen oder sich auf verschiedene Personen mit unterschiedlicher Gewichtung verteilen. Die Fachautorität überzeugt andere Menschen durch sachliche Argumente. Man „hört" also beispielsweise auf Rechtsanwalt Dr. Know, wenn er sich fachlich äußert. Hierauf beruht sein Ansehen und die Achtung der anderen vor ihm. Persönlichkeitsautorität wirkt durch Ausstrahlung (Charisma). Es gibt Menschen, die kraft ihrer Erscheinung auf andere Menschen „wirken", ein schwer beschreibbares, aber allseits bekanntes Phänomen. Positionsautorität ist Autorität kraft der in einem System bestehenden hierarchischen Positionen, also durch Sanktionsgewalt. Positionsautorität verkörpern nicht nur der Patriarch, das Staatsoberhaupt und der einzige „Seniorpartner" der Kanzlei, sondern jeder „Vorgesetzte" gegenüber den jeweils „Untergebenen".

Wenn Sie also ihre Juniorsozien, angestellten Anwälte, Referendare und Sekretärinnen „beeinflussen", üben Sie **Autorität** aus. Dies kann als Bedürfnis der **Machtausübung** zum Selbstzweck werden. TQM geht von einer sachlichen Ausübung

---

1 Vgl. zum nachfolgenden Ulrich/Fluri, Management, 7. Aufl. 1995, S. 161 ff.

der Führungsaufgabe durch Autorität aus. Bei der Aufgabenverteilung und -kontrolle ist immer zu beachten, daß neben der Aufgabenerfüllung auch Bedürfnisse der „untergebenen" Anwälte sowie der sonstigen Mitarbeiter stehen. Auch deren Bedürfnisse sind von der Kanzleiführung wahrzunehmen und in angemessener Weise zu verwirklichen.

Beispiel 6: Es ist 17:30. Ihre Sekretärin hat Feierabend. Als sie gerade gehen will, fällt Ihnen noch ein, daß sie noch einen wichtigen Mandanten, den Industriellen Schwerreich, anrufen wollen. Sie sagen zu Ihrer Sekretärin: „Ach, liebe Frau Pünktlich, seien Sie doch so gut und verbinden Sie mich noch gerade mit Herrn Schwerreich!"

Ein klarer Fall: Frau Pünktlich will nach Hause. Aber der Chef will, daß sie noch eine kleine Aufgabe erledigt. Wenn sie Sie nicht verbindet, mag Herr Schwerreich vielleicht einen unguten Eindruck von der Kanzlei bekommen. Es kann also für einen Mitarbeiter zu **Zielkonflikten** zwischen persönlichen Interessen und Kanzleiinteressen kommen, übrigens auch bei Ihnen selbst. Wenn Sie diese Interessenkonflikte kraft Ihrer Autorität immer zu Lasten der Mitarbeiter entscheiden, dann wird man dieses Verhalten nicht als ausgewogen bezeichnen können. Die Mitarbeiter fühlen sich mißachtet, ihre Moral sinkt. Führung ist eine echte Aufgabe.

Es sind also die **Ziele der Mitarbeiter** zu berücksichtigen, insbesondere ihr Ziel, sich innerhalb der Kanzlei zu entfalten. Dies geht über die Befriedigung der materiellen Existenz- und Sicherheitsbedürfnisse durch Gehaltszahlung und soziale Absicherung hinaus. Jeder Mensch hat tendenziell das Bedürfnis, sich in einer Gruppe zu integrieren, in der er sich sicher und geborgen fühlt (soziale Bedürfnisse). Daneben erwartet jeder Mensch Anerkennung, und zwar durch seine Vorgesetzten und Kollegen (Ego-Bedürfnisse), in der Kanzlei also durch die

Seniorpartner, die anderen Rechtsanwälte und die sonstigen Mitarbeiter. Vor allem aber will jeder Mensch seine persönlichen Fähigkeiten entwickeln und eine gewisse Selbstverantwortung erleben (Selbstverwirklichungsbedürfnisse). Die Erfüllung dieser Bedürfnisse gegenüber jedem einzelnen Mitarbeiter ist entscheidend für die individuelle Leistungsbereitschaft (Motivation), darüber hinaus für die Leistungsfähigkeit und für die Arbeitszufriedenheit der juristischen wie der nicht juristischen Mitarbeiter. Wahrnehmung und Erfüllung von Mitarbeiterbedürfnissen setzt zunächst Wahrnehmung eigener Bedürfnisse innerhalb der Sozietät voraus (Kapitel 1 – Kanzleiziele). Wo diese von einzelnen Sozien zu Lasten der anderen ständig mißachtet werden, ist keine gute Basis für die Beachtung der Mitarbeiterziele gegeben. Der Erfolg der Kanzlei ist jedoch auch eine Funktion all ihrer Mitglieder und bei der Übertragung des Konzepts der Mitarbeiterzufriedenheit von hierarchisch strukturierten gewerblichen Unternehmen auf Freiberufler wie Anwaltskanzleien ist besonders zu thematisieren, daß diese nur formell zur Hälfte aus „Chefs" bestehen. Tatsächlich muß die jeweilige Führung bei Sozietäten entsprechende Instrumente auch für das Verhalten der Sozien untereinander entwickeln, Kommunikation sicherstellen, für Anerkennung der Jüngeren durch die Älteren sorgen und dgl.

Die Bedürfnisse der Mitarbeiter stellen sowohl einen eigenständigen Wert und ein Ziel dar, sind gleichzeitig jedoch auch wichtige Voraussetzungen für die Erreichung der Kanzleiziele. Die Bedeutung von Motivation und Zufriedenheit der Kanzleiangehörigen wächst mit dem geistigen Anspruch der jeweiligen Aufgabe. Jedoch sei an dieser Stelle bereits davor gewarnt, die Motivation und Zufriedenheit selbst einer ungelernten Kraft, insbesondere etwa der Telefonistin zu unterschätzen. Sowohl unter dem Gesichtspunkt des selbständigen Ziels der Mitarbeiterzufriedenheit, wie auch unter dem Gesichtspunkt der **optimalen Aufgabenerfüllung** gegenüber Mandanten, anderen Kanzleimitgliedern und Dritten (TQM!) ist nicht nur die fachliche Kompetenz einer Telefonistin von Relevanz, sondern auch ihre Motivation: Wie oft das Telefon klingelt, bevor abgehoben wird, kann für den externen Anrufer ganz maßgeblich sein.

So kann sich die Kanzlei als qualitatives Ziel setzen, daß kein externer Anruf öfter als beispielsweise drei mal „klingelt". Versetzen Sie sich in Ihren Mandanten! Wenn Sie selbst häufig durch endloses Warten auf Telefonverbindung bei Behörden oder Gerichten genervt werden, können Sie leicht gleiches für Ihre Mandanten nachvollziehen: Auch dieser wird durch langes Läuten verärgert. Dadurch kann bei ihm der Eindruck erweckt werden, ein Anrufer wie er werde nicht hinreichend ernst genommen. Auch im übrigen wirkt sich die Zufriedenheit beispielsweise der Telefonistin dauerhaft auf ihre persönliche Einstellung, also ihre „Laune" aus: Die schlechte Laune überträgt sich auf die Stimme und das gesamte Kommunikationsverhalten bis hin zu der für den Anrufer über die Stimme wahrnehmbaren Mimik. Ähnliches kann sich aber auch ergeben, wenn externe Anrufer deswegen nicht „durchkommen", weil die Telefonistin so gut informiert ist, den gegenwärtigen Anrufer kennt, über die Abwesenheit des nachgefragten Anwalts Bescheid weiß und eine Nachricht aufzunehmen in der Lage ist. Umgekehrt kann ein voreiliges Weiterverbinden an eine andere Sekretärin innerhalb der Kanzlei zwar die externe Telefonleitung alsbald wieder frei machen, jedoch den zu schnell weiter verbundenen Anrufer verärgern, weil dieser von weither anrief und nur eine sehr kurze Nachricht hatte, die er der ersten erreichbaren Person der Kanzlei hinterlassen wollte.

Das alles mag am Beispiel erörtert als übertrieben betrachtet werden; richtig ist, daß die Leistungsbereitschaft und Leistungsfähigkeit eines Unternehmens auf jedem einzelnen Angehörigen basiert. Es ist daher Ihre Aufgabe, die Mitarbeiter der Kanzlei zum Mitdenken in Richtung Qualität zu bewegen. Das schlimme an mangelhaft ausgeführten Einzelaufgaben ist nämlich, daß auch eine im Kern gute Leistung gegenüber dem Mandanten durch negative Ausreißer im Umfeld unangemessen geschädigt werden kann, indem sie den Mandanten verärgert. Dies gilt gerade bei Schnittstellenfunktionen wie dem Telefon. Das gleiche gilt aber auch, wenn z. B. der mandatsbearbeitende Anwalt einen Referendar mit einer Spezialfrage befaßt und dieser etwa eine Sachverhaltsfrage unabgestimmt direkt an den Mandanten richtet, wodurch dieser den Eindruck gewinnt, sein Fall würde von einem inkompetenten, jedenfalls uninformierten Mitarbeiter bearbeitet. Wenn man weiß, wie schwer die juristische Qualität des Endproduktes für einen Mandanten (Laien!) zu beurteilen ist, wird das Fehlerpotential auch eines nicht ausreichend sensibilisierten juristischen Mitarbeiters deutlich.

Um die **grundsätzliche Bedeutung** der Einstellung der Kanzleileitung gegenüber den „Untergebenen" zu unterstreichen, sei an dieser Stelle ein kurzes Eingehen auf die **„human relations"-Theorie** sowie die **„human resources"-Theorien** erlaubt. Jeder Manager und auch jeder Rechtsanwalt hat seine persönliche und meist unbewußte Auffassung darüber, wie untergebene Rechtsanwälte und Mitarbeiter am besten zu behandeln sind. Ob es also „richtig" oder „besser" ist, seine gesamte unternehmensinterne Umwelt wie mündige Partner oder wie unmündige Kinder zu behandeln, hängt von den zugrundeliegenden Wertungsmaßstäben ab. In Anbetracht des **Zielkonfliktes** zwischen der Erfüllung der äußeren Kanzleiaufgaben und der Erfüllung der Mitarbeiterziele ist es weder

Führung

realistisch, grundsätzlich von einem gegenseitigen Sichausschließen beider Ziele auszugehen, noch blindlings auf eine Harmonie zwischen beiden Zielen zu vertrauen. Auszugehen ist vielmehr von einer möglichen, jedoch aktiv zu beeinflussenden **Synthese** beider Ziele[2]. Auf diese Weise werden zwei Extrempositionen ausgeschlossen:

- auf der einen Seite die rein tayloristische Betrachtung der Mitarbeiter als reine Produktionsfaktoren aus, die nur aus dem Grunde motiviert werden sollen, damit sie einen besseren Ertrag bringen;
- aber auch die gegenteilige rein humanistische Auffassung, nach welcher die Kanzlei primär ein Ort der Selbstentfaltung der dort tätigen Individuen ist, hinter den die eigentlichen Kanzleiziele zurücktreten.

Die ältere **„human relations"-Bewegung** entstand vor dem Hintergrund der **tayloristischen Organisationsansätze**. Verhaltensforscher machten die überraschende Entdeckung, daß weniger die Veränderung der objektiven Arbeitsbedingungen, wie Arbeitszeit, Pausenregelung, Bezahlung, Büroausstattung usw., als vielmehr die subjektive Einstellung zur Arbeit für das Leistungsergebnis ausschlaggebend sei. Insbesondere das Gefühl, eine wichtige Arbeit zu tun und in einer Gruppe integriert zu sein, war hierbei maßgeblich. Hieraus wurde gefolgert, es käme für eine erfolgreiche Führung der Mitarbeiter auf die vom Arbeitsinhalt losgelöst gesehene Arbeitszufriedenheit an. Für die Einstellung des Unternehmens gegenüber den Mitarbeitern reichte dem Unternehmen aus, daß die Mitarbeiter das bloße Gefühl einer Wertschätzung hatten. Für das Unternehmen maßgeblich war jedoch allein die Erreichung der Unternehmensziele.

---

2 Ulrich/Fluri, a.a.O., S. 166.

Demgegenüber versucht der **„human resources"-Ansatz**, auf eine innere, d. h. **intrinsische Motivation** der Mitarbeiter abzustellen. Aus Sicht des Unternehmens wird der Mitarbeiter nach diesem Ansatz als Subjekt respektiert.

Der „human resources"-Ansatz versucht, die nachfolgenden Schwarz-Weiß-Menschenbilder aufzulösen und zu einem vernünftigen Einklang zu bringen. Eine ältere, jedoch heute noch von vielen Managern und auch Anwälten vertretene Annahme besagt, daß der Mensch im allgemeinen nur um des Lohnes willen arbeite und deshalb autoritativ zur Leistung gezwungen und laufend kontrolliert werden müßte. Demgegenüber beruht die gegenteilige Auffassung auf einem optimistischen Menschenbild: Sie geht davon aus, daß Menschen grundsätzlich durchaus leistungsbereit sind und gerne arbeiten.

Wer also auch immer in der Kanzlei eine Führungsaufgabe ausübt, er läßt sich mehr oder weniger von dem einen oder anderen vorgenannten Ansatz leiten. Zu einer Gefahr kann es dabei werden, wenn Rechtsanwälten und anderen Mitarbeitern im Wege der symbolischen Partizipation das Gefühl vermittelt werden soll, sie würden von der Führung ernst genommen und als Subjekte geschätzt, dieses jedoch tatsächlich nicht der Fall ist. Im Hinblick auf die Einstellung und das Verhalten von Vorgesetzten gegenüber Untergebenen sowie von Kollegen untereinander sollten daher folgende Werte zu einer optimalen Zusammenarbeit angestrebt werden:

– gegenseitiges Vertrauensverhältnis;
– gegenseitige Unterstützung (getragen von Anteilnahme);
– offene und freie Kommunikation (nicht verdeckt und vorsichtig);
– Konfliktaustragung innerhalb der jeweiligen Gruppe in sachlicher Form;

- optimale Entfaltung der Fähigkeiten der einzelnen Gruppenmitglieder (Übertragung von Verantwortung);
- Selbstkontrolle der Arbeitsergebnisse (Fremdkontrolle als Ausnahme);
- Kennzeichnung des Organisationsklimas durch Toleranz und Respekt.

Bevor die Kanzleiführung die Schritte zur Umsetzung dieses Führungskonzeptes angeht, sollte auch Klarheit über die Begriffe Kompetenz, Verantwortung und Delegation bestehen.

Damit ein angestellter Rechtsanwalt, ein Referendar oder eine Sekretärin eine Aufgabe erfüllen kann, müssen sie gleichzeitig die Befugnis haben, handelnd tätig zu werden, um selbständig die Maßnahmen zu ergreifen, die zur ordnungsgemäßen Aufgabenerfüllung notwendig sind. Ein derart eingeräumtes Handlungsrecht wird als **Kompetenz** bezeichnet.

Mit diesem Recht, zu Handeln, fällt dem jeweiligen Mitarbeiter gleichzeitig die Verpflichtung zu, die Aufgabe und Kompetenz richtig zu erfüllen. Diese Verpflichtung heißt **Verantwortung**. Aufgabe, Kompetenz und Verantwortung müssen sich entsprechen. Hieraus resultiert die Verantwortlichkeit des einzelnen gegenüber der Gruppe, d. h. die Rechenschaft für die ordnungsgemäße Erfüllung der Aufgabe.

Die Aufteilung und Zuweisung von Kompetenzen an die Mitglieder des Unternehmens ist **Delegation**. Die Delegation ist eine Kompetenzübertragung von oben nach unten. Sie führt zu einer vertikalen Autonomie, d. h. einem Machtspielraum untergeordneter Stellen. Als ein wichtiger Grundsatz der Delegation gilt, daß keine Entscheidung von einer höheren Stelle gefällt werden soll, wenn sie von einer untergebenen Stelle ebensogut oder gar besser getroffen werden kann[3].

---

3 Ulrich/Fluri, a.a.O., S. 191.

Bei einer so verstandenen Subsidiarität dient die Delegation folgenden Zwecken:

a) Entlastung übergeordneter Stellen von Entscheidungen, die ihrer Leitungsfunktion nicht entsprechen;
b) Erhaltung der Handlungsfähigkeit der untergeordneten Stelle;
c) Entlastung der Kommunikation durch Vermeidung der Notwendigkeit ständiger Rückfragen und Bestätigungen;
d) Förderung von Selbstentfaltung und Eigenverantwortung durch Zubilligung eigener Entscheidungskompetenz.

Die Möglichkeiten der Delegation finden ihre Schranken in der persönlichen Qualifikation des jeweiligen Stelleninhabers bzw. seiner Fachkompetenz und Leistungsbereitschaft. Umgekehrt soll die Übertragung von Aufgaben diese Fähigkeiten zur Entfaltung bringen!

Was setzt TQM diesbezüglich voraus?

Jedes Management setzt ein zur Erreichung der selbst gesetzten Ziele taugliches Führungskonzept voraus. Ein umfassendes Qualitätsmanagement wendet sich daher an die Kanzleiführung (Management). Ihr obliegt die Aufgabe, TQM als einen grundlegenden Prozeß kontinuierlicher Verbesserung zu verankern, durchzusetzen und selbst als Vorbild widerzuspiegeln.

Die Kanzleiführung soll daher ein für Mitarbeiter und Dritte sichtbares Engagement üben und damit eine Vorbildfunktion haben. Der Begriff der Kanzleiqualität und das Konzept andauernder und umfassender Qualitätsverbesserung sollen zu zentralen Bestandteilen der Unternehmenskultur werden.

Führung

Dies umzusetzen, erfordert eine nachhaltige Beschäftigung und Verinnerlichung der TQM-Philosophie[4].

Da sich Führung auf anwaltliche und nicht juristische Mitarbeiter bezieht, sind diese durch rechtzeitige Anerkennung und Würdigung ihrer Erfolge, sowohl als Einzelpersonen, wie als Teams, zu fördern. Die Förderung der Mitarbeiter erfolgt durch persönliche Unterstützung bei der Aufgabenwahrnehmung und durch Bereitstellen von Sachmitteln (Ressourcen).

Ein entsprechendes Engagement soll die Kanzleiführung gegenüber Mandanten und sonstigen Vertragspartnern aber auch beweisen.

Was setzt ISO 9000 voraus?

Die Norm EN ISO 9001 erfaßt einen Ausschnitt der Führungsaufgabe, und zwar insoweit, als sie sich auf die Errichtung, Durchführung und Kontrolle des ISO-Qualitätsmanagementsystems bezieht. Die Kanzlei – die Norm spricht hier von „Lieferant" – „muß als ein Mittel zur Sicherstellung, daß ein Produkt die festgelegte Qualitätsforderung erfüllt, ein QM-System einführen, dokumentieren und aufrechterhalten", so Ziffer 4.2 der Norm. Zu dokumentieren sind die Grundlagen des eigenen QM-Systems in einem Handbuch, sowie Verfahrensanweisungen und Arbeitsanweisungen.

Mit der eigentlichen Führungsaufgabe hat dies nur mittelbar, nämlich bei der Überwachung der Einhaltung dieses Qualitätsmanagementsystems zu tun. Die Norm 4.1.2 regelt unter dem Begriff „Organisation", was dokumentiert (Ziffer 4.1.2.1) und

---

4 Töpfer/Mehdorn, Total Quality Management, 3. Aufl. 1993, S. 189 ff.

was von einem „Mitglied des lieferanteneigenen Führungskreises" überwacht werden muß (Ziffer 4.1.2.3). Die „eigentliche" Führungsaufgabe gegenüber den Mitarbeitern bei der Wahrnehmung ihrer Aufgaben wird von ISO 9000 im zertifizierungsrelevanten Bereich nicht berührt.

Wie setzt die Kanzlei das TQM-Führungskonzept um?

1. Die Kanzleiführung (Management) muß zunächst übertragbare **Aufgaben bzw. Aufgabenbereiche definieren.** Denn die Führung als auf die Zielerreichung ausgerichteter Prozeß bedarf der festen Zuordnung von Aufgaben, denen anschließend bestimmte Personen als Stelleninhaber zugeordnet werden.

Es ist ein verbreiteter Irrtum zu glauben, Delegation eigne sich für Anwaltskanzleien nicht, denn nur der Anwalt könne bis ins kleinste Detail der Rechtschreibung, der Arbeitsplatzregelung der Sekretärin, der Ausstattung des Empfangs, der Materialbeschaffung, der Urlaubsplanung etc. beurteilen, was angemessen sei. Abgesehen davon, daß jedenfalls in größeren Kanzleien auch die Anwälte einander zunehmend hierarchischer zugeordnet sind, ist bei näherer Überprüfung erstaunlich, wie viel tatsächlich durch Delegation in der Kanzlei auch durch andere, als den Anwalt entschieden werden kann, Informationsstand und Sachkenntnis einmal unterstellt. Aber auch diese lassen sich durch Information, Schulung und Fortbildung viel weitergehend herbeiführen, als allgemein angenommen.

Logische Voraussetzung für die Zuordnung der Aufgabenkompetenzen und Verantwortung ist, daß sich die Kanzleiführung die vorhandenen Aufgabenbereiche klar macht und diese zunächst einmal ordnet. Solange eine Kanzlei nur aus einer Person „besteht", d. h. einem Rechtsanwalt ohne jegliche

Führung

Hilfskräfte, gibt es noch keine Führungsaufgabe. Gleichwohl bestehen bereits trennbare Aufgabenbereiche, wie Mandatsannahme, Mandatsbearbeitung usw. bis hin zu Verwaltungsaufgaben der Kanzlei. Sobald diese Aufgaben auf zwei oder mehr Personen verteilt werden können, ist eine Aufgabenzuweisung erforderlich. Hierbei kommt es zwangsläufig, und zwar bereits zwischen Einzelanwalt und Alleinsekretärin, zu Kompetenzverteilungen, d. h. bestimmten Personen zugeordneten Entscheidungsbefugnissen.

Die Führungsaufgabe stellt sich also in jeder Kanzlei, in der zwei oder mehr Personen tätig sind. Sie ist dort auch, – jedenfalls teilweise – bewußt oder unbewußt, institutionalisiert oder nicht, geregelt. Nicht geregelte Teilbereiche werden zufällig und willkürlich gehandhabt.

TQM in diesem Bereich kann damit beginnen, daß, um **Ordnung** in die **Aufgabenbereiche** zu bringen, zunächst einmal alle fachlichen und sonstigen Aufgabenbereiche im Wege eines **Brainstorming** „gesammelt" und dann **klassifiziert** werden. Als Faustregel gilt, daß die Anzahl der Aufgaben, unter die auch Rechtsgebiete in Form von „Dezernaten" gefaßt werden können, die Anzahl der potentiellen Stelleninhaber nicht um das Doppelte überschreiten sollte. Wichtig ist, daß keine Aufgabe übersehen wird, deren spätere Nichterledigung zu Problemen, und sei es nur zu unnötigen Rückfragen und spontanen Entscheidungen führen kann.

2. Sodann sind die Mitarbeiter und Rechtsanwälte diesen **Aufgabenbereichen zuzuordnen**.

Soweit eine solche Aufgaben- und Stellenzuteilung in der Kanzlei noch nicht einigermaßen lückenlos existiert, führt der Prozeß der Aufgaben- und Stellenzuweisung (i) zu einer **Bewußtmachung vorhandener Kanzleiaufgaben** und (ii) zu einer bindenden Zuordnung verschiedener Aufgaben zu verschiedenen Personen (**Zuständigkeiten**). Durch eine effektive Zuweisung dieser Aufgaben werden sowohl negative wie positive Kompetenzkonflikte vermieden. Jedem Kanzleiangehörigen wird die Sicherheit gegeben, sich auf die ihm zugewiesene Kompetenz später auch berufen zu können. Wenn z. B. einem angestellten Anwalt die Aufgabe der Bücheranschaffung in eigener Verantwortung übertragen wird, sollte ihn kein Kollege, weil jener ein bestimmtes Buch bestellt oder nicht bestellt hat, mit der Begründung angreifen, er selbst habe diese Aufgabe früher besser durchgeführt und wolle dies auch jetzt tun (positiver Kompetenzstreit). Wo Kompetenz eingeräumt wurde, darf diese nicht streitig gemacht werden, solange der eingeräumte Kompetenzrahmen nicht überschritten wird. Weigert sich umgekehrt der junge Kollege trotz Aufforderung durch die Kollegen, ein Buch zu bestellen, mit der Begründung, dies sei nicht seine Aufgabe (negativer Kompetenzstreit), dann ist er natürlich von der Kanzleiführung zur Aufgabenerfüllung anzuhalten.

3. Die **Aufgabenbereiche** sollten, und zwar aus zwei Gründen, **schriftlich bzw. bildlich dargelegt** werden. Zum einen bietet das Erarbeiten die Chance zur Fixierung von Vereinbarungen mit den Mitarbeitern, in denen sie sich als aktiv beteiligte Personen wiederfinden und identifizieren können. Andererseits dient die Visualisierung der Ergebnisse auch der Selbstkontrolle der Kanzleiführung.

Zur Abbildung der unter Ziffer 1 und 2 genannten Funktionen geeignete Hilfsmittel der Kanzleiführung können hierbei Aufgabengliederungspläne, Organigramme, Funktionendiagramme, Stellenbeschreibungen usw. sein. Welche dieser Hilfsmittel Sie einsetzen und wie detailliert diese sind, sollten dabei allein von der Zweckmäßigkeit des Modells und nicht von der Ästhetik der Abbildung abhängig gemacht werden. Zwei Beispiele finden sich in den Anlagen 3 und 4.

Die Kompetenzen des Einzelnen sollten in einer **Stellenbeschreibung** schriftlich festgehalten werden. Stellenbeschreibungen benennen die Aufgabe, Kompetenz und Verantwortlichkeit des Stelleninhabers. Sie bezeichnen die organisatorische Eingliederung, d. h. die Bezeichnung (nicht notwendig den Namen) des Vorgesetzten, untergeordneter Stellen, Stellvertretungsregelungen usw. Auch hierbei gilt der Grundsatz, daß sich die Stellenbeschreibungen nicht verselbständigen sollten, sondern dem Zweck der Zuweisung des Vorgenannten dienen sollen. Die Stellenbeschreibung sollte gemeinsam von Vorgesetzten und betroffenem Mitarbeiter erarbeitet werden. So wird der Mitarbeiter in die Zuweisung der Aufgaben eingebunden und kann die Gestaltung der Stelle gleichzeitig mit beeinflussen.

Im Gegensatz zu einem Aufgabengliederungsplan, wie er sich für die Darstellung der Aufgabenbereiche nach Ziffer 1 eignet, ist die Stellenbeschreibung detailliert. Sie sollte jedoch vom Konkretisierungsgrad her nicht mehr als 10 verschiedene Einzelaufgaben umfassen. Ansonsten kann der Stelleninhaber bereits aufgrund der Anzahl der Aufgaben subjektiv das Gefühl der Überforderung haben. Ebenso kann eine Aufgabenmonotonie, z. B. nur die Aufgabe: „Erledigung einfachster Schreibaufgaben" zu einem vermeidbaren Gefühl persönlicher Wertlosigkeit führen. Zwei Beispiele finden Sie in Anlage 5 und 6.

Stellenbeschreibungen sollten grundsätzlich für alle Mitarbeiter der Kanzlei bestehen. Ein Organigramm ist im Einzelfall hingegen erst ab einer gewissen Anzahl in der Kanzlei tätiger Personen, einschließlich der Anwälte sinnvoll. Ohne hierbei eine starre Grenze zu setzen, dürfte die Anzahl der Personen als obere Grenze bei sieben liegen.

4. Die Kanzleiführung hat für umfassende **Informiertheit und Kommunikation** dergestalt zu sorgen, daß sich jeder für Qualität in seinem Bereich zuständig weiß und Mitverantwortung für Qualität in allen Bereichen verspürt (Selbstverantwortung). So zentral das Gut Vertraulichkeit und Mandantengeheimnis für den Anwalt ist, so unabdingbar ist Offenheit im Inneren als Führungsinstrument der Kanzlei. Es soll grundsätzlich keine Geheimnisse in der Kanzlei geben. Ausnahmen bestätigen die Regel: Gewinnaufteilung und vergleichbare „intime" Themata gelten in aller Regel als vertraulich. Gelegentlich muß notgedrungen auch einem Mandanten konzediert werden, daß Einzelheiten des Mandats vorübergehend sogar Sozien nicht ohne Not offenbart werden. Im übrigen zeichnet sich eine „TQM-Kanzlei" durch Offenheit und Informiertheit aus. „Herrschaftswissen" einerseits und mangelnder Durchblick andererseits sind optimaler Qualität abträglich. Als Informationsinstrumente bieten sich:

– regelmäßige Sozienbesprechungen;
– Postbesprechung oder -umlauf für alle Anwälte;
– Besprechung von Tages- und Wochenplänen zwischen Anwalt und Sekretärinnen;
– Mandatsvorbesprechungen aller Beteiligten;
– Tageskopienumlauf;
– regelmäßige Kanzleiversammlungen;
– Kanzleiumläufe, „Newsletter" od. schwarzes Brett mit Hinweisen auf Neuanschaffungen, neue Mandate, Familiennachrichten etc.

Auch nichtjuristische Mitarbeiter sind in den Informationsfluß einbeziehen, Mandatsvorbesprechungen mit den Mitar-

Führung

beitern abzuhalten, Tages- und Wochenpläne zu besprechen usw.

5. **Zusammenfassung:** Stellen Sie die in Ihrer Kanzlei anfallenden Aufgaben zusammen. Ordnen Sie den Aufgaben konkrete Personen (Anwälte „und Mitarbeiter") zu und legen Sie deren Kompetenzen fest. Halten Sie die Aufgaben und Kompetenzen der Mitarbeiter in Stellenbeschreibungen fest. Die Stellenbeschreibungen sollten gemeinsam mit den Mitarbeitern erarbeitet werden. Stellen Sie auch die gesamten Aufgaben- und Stellenverteilung bildlich in einem Organigramm dar. Sorgen Sie für Informiertheit und ein Klima der Offenheit.

Kapitel 3: Mitarbeiterorientierung und Mitarbeiterzufriedenheit

Worum es in diesem Kapitel geht:

In der Kanzleibroschüre einer Anwaltskanzlei heißt es: „Unser Unternehmen, das sind unsere Mitarbeiter." Das klingt gut, was aber ist damit gemeint? Die bereits mehrfach zu Rate gezogenen internationalen Qualitätspreis-Modelle sollten es wissen:

Im Modell des European Quality Award werden den Mitarbeitern gleich zwei von insgesamt neun Elementen gewidmet: Element 3 (Mitarbeiterorientierung) und Element 7 (Mitarbeiterzufriedenheit). Diese Elemente machen einen Anteil von 18 % der Gesamtbewertung aus.

Der Untertitel zur „Mitarbeiterorientierung„ lautet: „Der Umgang der Organisation mit ihren Mitarbeitern." Es geht darum, wie:

– Mitarbeiterressourcen geplant und verbessert werden;
– nach welchen Kriterien eingestellt wird oder auch ein Mitarbeiterverhältnis beendet wird;
– Mitarbeiter und Teams Ziele vereinbaren und die Leistungen laufend überprüfen;
– die Beteiligung aller Mitarbeiter am Prozeß der ständigen Verbesserung gefördert wird und wie Mitarbeiter autorisiert werden, selbst zu handeln;
– eine effektive Kommunikation vertikal und horizontal erreicht wird;
– die Kompetenzen und Fähigkeiten der Mitarbeiter durch Personalplanung, -auswahl und -fortbildung begründet und weiterentwickelt werden.

Zum Element „Mitarbeiterzufriedenheit" sagt der Untertitel: „Was die Organisation im Hinblick auf die Zufriedenheit ihrer Mitarbeiter leistet." Der European Quality Award verlangt unter anderem:

- die **Beurteilung** der Organisation **durch** die **Mitarbeiter** aufzuzeigen.

Bevor Sie kopfschüttelnd zum nächsten Kapitel übergehen, bedenken Sie bitte die nächsten 8 Aussagen. Wenn mehr als drei Aussagen für Sie zutreffen oder aus Ihrem Munde stammen könnten, sollten Sie dieses Kapitel beherzigen – auch in Ihrer Kanzlei besteht dann Verbesserungsbedarf:

- „Bei uns gibt es nichts zu planen! Wenn jemand kündigt, stellen wir einen neuen Mitarbeiter ein."
- „Lehrgänge kosten Geld. Für gelernte Sekretärinnen bringt das nicht viel. Die wissen schon, was zu tun ist."
- „Unsere Junganwälte sollen sich fortbilden; aber in ihrer Freizeit. Wenn die zu einem teuren Seminar wollen, sollen sie es selbst bezahlen."
- „Wenn es um Verbesserungen der Büroabläufe geht, brauchen sie die „Neuen" nicht zu fragen. Was ich in 20 Jahren nicht gesehen habe, sehen die Neuen sicher nicht in 20 Wochen!"
- „Ich glaube, für eine Mitarbeiterin macht es keinen Unterschied, ob ich sage: „Rufen Sie die Geschäftsstelle der 3. Kammer an!" oder ob ich sie bitte: „Frau Schüchtern, wären Sie so gut, bei der Geschäftsstelle der 3. Kammer anzurufen?""
- „Unsere Mitarbeiter sind zufrieden. Jedenfalls hat sich bei mir in der letzten Zeit niemand mehr beschwert."
- „Meine Mitarbeiter zu fragen, ob sie zufrieden sind, ist so, wie wenn ich meine Kinder frage, ob sie schon ins Bett gehen wollen!"

– „Über die Behandlung von Mitarbeitern gibt es „Philosophien", die kommen und gehen. Ich verlaß mich auf meine Erfahrung."

„Total" Quality Management bedeutet die umfassende Einbeziehung sämtlicher für die Leistung der Praxis maßgeblicher Personen und Sachen. Deshalb gehören auch **alle Mitarbeiter** der Kanzlei zum TQM-Konzept. Ohne den einzelnen Rechtsanwalt sowie den einzelnen juristischen und nichtjuristischen Mitarbeiter ist die Umsetzung des TQM Modells nicht möglich.

Es geht hierbei um die **Planung** des Personals, also z. B. die Frage, welcher Anwalt und welcher nichtjuristische Mitarbeiter in einem absehbaren Zeitrahmen eingestellt werden soll oder welche Anforderungen qualitativ ganz allgemein an die Mitarbeiter gestellt werden sollen oder nach welchen Kriterien das Gehalt bemessen wird.

Bedarfsplanung heißt, vorausschauende Entscheidung. Sie sollten deshalb im voraus **Kriterien** für die Auswahl der Mitarbeiter, die Anforderungen und die Vergütung festlegen. Sie sollten deshalb nicht ungeplant jeweils nur von Fall zu Fall nach dem aktuellen Bedarf entscheiden. Das mag zwar zu „Glückstreffern" führen; im Zweifel jedoch sind Reibungsverluste, Unzufriedenheit und Qualitätseinbrüche die typischen Folgen fehlender Personalplanung.

Es geht weiterhin um fachliche und persönliche Förderung der Mitarbeiter und um die Verbesserung der Motivation. Integrierte und motivierte Mitarbeiter sind zufriedene Mitarbeiter. Und zufriedene Mitarbeiter sind kreativer und produktiver als solche, die nur „die Zeit im Büro absitzen". Dies gilt unabhängig von der Größe Ihrer Kanzlei!

Es gibt viele Dinge, die im Umgang miteinander „selbstverständlich" sind. Manche überlastete Vorgesetzte – und dazu gehören auch Rechtsanwälte – legen jedoch gelegentlich eine erstaunliche **Betriebsblindheit** an den Tag. Erst wenn Mandanten fragen: „Sagen Sie mal, was ist denn mit Ihrer Sekretärin los?" fragt der Anwalt: „Wieso? Was denn?" Trifft das auch für Ihre Kanzlei zu?

Die **Zufriedenheit** ist ein entscheidender Punkt für Ihre Mitarbeiter. Sind Ihnen ihre Mitarbeiter gleichgültig? Sicherlich nicht. Dann wird sich der eine oder andere nachfolgende Ansatz zur Umsetzung von TQM für Ihre Kanzlei als brauchbar erweisen.

Als erster Ansatzpunkt Ihrer Überlegungen sollen die Möglichkeiten einer einfachen Personalplanung und Personalbeschaffung dargestellt werden:

Personalplanung und Personalbeschaffung

Eine auf Qualitätsmanagement aufbauende Kanzlei kann auf **qualifizierte Mitarbeiter** nicht verzichten. Personalprobleme aller Art können, soweit sie auch nur in einem Teilbereich der Kanzlei auftauchen, nachteilige Auswirkungen für die gesamte Kanzlei haben. Dies wurde bereits im vorigen Kapitel am Beispiel der Mitarbeiterin in der Telefonzentrale deutlich: Ist auch nur eine Stelle der Kanzlei mit einer **fachlich** oder **persönlich** „mangelhaften" Kraft besetzt, kann dies weitreichende Auswirkungen haben.

Die Antwort auf eine fachliche Frage mit den Worten: „Das weiß ich nicht!" oder sogar: „Tut mir leid, aber das kann ich wirklich nicht wissen!" entspricht den persönlichen Schwächen des Menschen. Manche Menschen sind halt besser in der Lage, trotz schlechter Laune oder Tagesverfassung freundlich, sachlich und hilfsbereit zu sein. Das sind gute Mitarbeiter, nach denen man Ausschau halten und die man an die Kanzlei binden sollte. Schlechte Mitarbeiter, in allen Abstufungen, gibt es leider zu viele. Auch selbst wenn Mitarbeiter fachlich kompetent sind, können sie durch Ungeschicklichkeit Mandanten verärgern oder Kollegen in der Kanzlei durch ihr Verhalten oder ihren „**Umgangston**" die Arbeit verleiden.

Versuchen Sie bitte wieder, sich in einen Mandanten zu versetzen oder erinnern Sie sich an Situationen, in denen Sie sich selbst als Kunde schlecht behandelt gefühlt haben, weil das Personal unfreundlich war. Zum Beispiel in einem Kaufhaus, kurz vor Ende der Öffnungszeit, freut es den Kunden wenig, wenn die Verkäuferin ihm von Ferne schon ein „Das kann ja wohl nicht wahr sein! Ich habe in 90 Sekunden Feierabend!" entgegen ruft. Nicht anders dürfte sich Ihr **Mandant** fühlen, wenn er am Telefon **„abgewimmelt"** wird.

Beispiel 7: „Der genervte Anwalt.": Rechtsanwalt Fleißig hat eine neue Sekretärin, Frau Unbeholfen. Es ist Montag, 09:40 Uhr. Bereits zum dritten mal (nach 08:04 Uhr und 08:55 Uhr) ruft eine Mandantin, Frau Nervig, an. Zweimal hat Frau Unbeholfen die Mandantin nicht zu Rechtsanwalt Fleißig durchgestellt, da dieser ihr zur morgendlichen Begrüßung nur ein „Guten Morgen! Heute keine Anrufe!" zugeworfen hatte. Frau Unbeholfen hatte daraufhin der Mandantin beim ersten Anruf mitgeteilt, Rechtsanwalt Fleißig sei noch nicht da und dies beim zweiten Anruf mit schon leicht genervter Stimme und den Worten wiederholt: „Nein! Herr Rechtsanwalt Fleißig ist immer noch nicht in der Kanzlei. Ich weiß auch nicht, wann er heute hereinkommt." Beim dritten Anruf läßt sich die Mandantin nicht mehr von Frau Unbeholfen abwimmeln. Sie sagt: „Ja, ja, ich glaube, jetzt ist er da!". Die Mandantin: „Dann stellen Sie mich jetzt endlich durch, ich muß unbedingt Herrn Fleißig sprechen. Dringend!". Frau Unbeholfen „parkt" die Mandantin in der Warteschleife, klingelt Rechtsanwalt Fleißig an und wird von diesem mit harschen Worten angemahnt, die Mandantin um jeden Preis abzuwimmeln, er sitze hier „über einer Berufungsbegründung". Daraufhin Frau Unbeholfen zu Frau Nervig: „Tja, Frau Nervig, da hab' ich mich wohl geirrt. Rechtsanwalt Fleißig muß wohl zu Gericht sein!". Frau Unbeholfen hört nur noch das wütende Schnauben der Mandantin und einen niederknallenden Hörer.

Was denken Sie? Eine schlechte Geschichte? Oder: „Das kann mal vorkommen." oder „Manche Mandanten sind schreckliche Nervensägen." Hoffentlich teilen Sie die Auffassung, daß Rechtsanwalt Fleißig sowohl an seinem eigenen Verhalten, wie an dem von Frau Unbeholfen noch einiges ändern muß, um die Mandanten besser zu behandeln.

Wenn es eine Aufgabe von Frau Unbeholfen ist, mit den Mandanten zu kommunizieren, insbesondere am Telefon, warum kann sie das nicht? Warum hat Rechtsanwalt fleißig sie überhaupt eingestellt? Wußte er nicht, welche Aufgaben auf Frau Unbeholfen zukommen? Oder wußte er nicht, daß Frau Unbeholfen dieser Aufgabe nicht gewachsen ist? Was hat sich Rechtsanwalt Fleißig dabei gedacht? Hat er sich überhaupt etwas dabei gedacht?

Ist das Ihrer Auffassung nach eine Frage der **Personalplanung** durch die „Kanzleiführung" oder eher eine Frage der **Personalschulung**? Gehört Ihre Kanzlei zu denjenigen, wo das Handwerkszeug der Kommunikation von Mitarbeitergeneration zu Mitarbeitergeneration ohne „Hand und Fuß" weiter vermittelt wird? Eine auf Qualität ausgerichtete Kanzlei macht sich Gedanken über solche Probleme.

Anzusetzen ist beim Bereich „Aufgabenbestimmung und Aufgabenverteilung" aus Kapitel 2. Die Kanzleiführung muß sich Gedanken machen, welches Leistungsprofil z. B. für die persönlichen Sekretärinnen wichtig ist. Es ist wichtig, dieses Anforderungsprofil schriftlich in der Form einer **Stellenbeschreibung** zu erfassen. Wer es für richtig hält, wie Frau Unbeholfen sich verhalten hat, hat den mit diesem Teil des Leitfadens verfolgten Zweck, die Qualität der Kanzlei und die Zufriedenheit der Mandanten zu gewährleisten, nicht erfaßt. Wenn die Kanzleiführung das Verhalten als unzulänglich erkennt und eine neue Sekretärin einstellen möchte, dann sollten sich die Anforderungen von vornherein aus der Stellenbeschreibung ergeben. Die an die Bewerber gestellten **Leistungsanforderungen** sind vor der Einstellung zu „**checken**". Soweit die Gesamtanforderungen von einem Bewerber erfüllt werden, aber z. B. kommunikative Schwächen vorhanden sind, dann sollten Sie wissen, was zu tun ist: Schulung. Wenn Sie nicht selbst schulen können oder wollen, lassen Sie schulen. **Investieren** Sie **in** Ihre **Mitarbeiter**[1].

In die **Stellenbeschreibung** könnte Rechtsanwalt Fleißig in Beispiel 7 aufnehmen:

„Fähigkeit zum Umgang auch mit schwierigen Mandanten in Streßsituationen, insbesondere souveränes Telefonverhalten."

Das Beispiel zeigt weiter:

- Die Notwendigkeit einer **Personalplanung** „gilt" auch in einer **Einzelpraxis**, wird aber mit zunehmender Kanzleigröße wichtiger;

---

[1] In England existiert ein eigenständiges Qualitätsprogramm, nach welchem auch Anwaltskanzleien zertifiziert werden und welches ausschließlich hierauf aufbaut (Investors in People, IIP).

- Personalplanung kann mit relativ **geringem Aufwand** große Fehlerquellen ausschalten;
- Auch Personalplanung beginnt mit **Nachdenken und Bewußtmachen**.

Wie in kleinen und mittleren Unternehmen, so ist auch in vielen Anwaltspraxen keine Personalplanung vorhanden. Dies mag darauf beruhen, daß die Unternehmensführung mit dem Begriff der **„Personalplanung"** ein komplexes System verbindet und dieses für das eigene Unternehmen als zu aufwendig oder gar überflüssig erachtet. Ein der Kanzleigröße angepaßtes Planungskonzept muß jedoch keineswegs kompliziert oder bürokratisch sein und **verhindert grobe Fehler**.

Ab einer bestimmten Kanzleigröße stellt sich verstärkt das Problem der **Kapazitätensteuerung**: Das grundsätzliche Problem, daß eine Überschätzung des Personalbedarfs zu kostenträchtigen Personalüberhängen führt, während eine Bedarfsunterschätzung zu Personalengpässen mit entsprechenden Qualitätseinbußen führen kann, stellt sich im Bereich der Anwaltspraxis verschärft. Denn die anwaltliche Leistung ist nicht auf Vorrat produzierbar. Bei einer Aufteilung der Aufgaben einer Kanzlei nach verschiedenen Rechtsgebieten kann es vorkommen, daß eine „Abteilung" hoffnungslos überlastet ist und gleichzeitig andere nicht ausgelastet sind. Dann können und sollten diese Kapazitäten angepaßt werden. Wenn dies in Ihrer Kanzlei „kein Problem" ist, dann um so besser. Falls Anwälte oder Mitarbeiter gerade diese Problematik sehen (Fragen Sie sie!), sollten Sie steuernd eingreifen.

Grundsätzlicher geht es um die **Gewichtung** zwischen **Arbeitsbewältigung** und **Mandanteninteressen**. Wenn zum Beispiel Ihre Anwälte voll ausgelastet sind und der Arbeitsanfall kaum noch bewältigt werden kann: Wie wird damit umgegangen? Werden trotzdem alle vereinbarten Termine eingehalten oder gibt es auch in Ihrer Kanzlei Aussagen wie: „Dann dauert es halt etwas länger, der Mandant soll sich nicht so aufführen!"

Wo würden Sie als Mandant diese Einstellung Ihres Rechtsanwaltes auf einer Qualitäts-Notenskala einstufen? Mandantenorientierung heißt: die mit dem Mandanten vereinbarten oder von diesem zu Recht erwarteten Konditionen sind einzuhalten. Dann müssen Anwälte und Mitarbeiter – vielleicht sogar sehr oft – länger arbeiten, als „normal". Was aber der Normalzustand der zeitlichen Planung ist, bestimmt die Kanzleiführung durch die **Planung des Personaleinsatzes**. Dieser wiederum hängt von dem vorhandenen Personal einschließlich der Anwälte ab. Wo es dauernd zu Überstunden im Sekretariat und zu Nacht- und Wochenendarbeit juristischer Mitarbeiter kommt, stimmt etwas nicht.

Zur sinnvollen Koordination des kurzfristigen Personaleinsatzes sollte auch eine gemeinsam von Rechtsanwalt und Sekretärin vorgenommene Wochenplanung gehören, in der beide die Termine der kommenden Woche koordinieren. Die Vergabe von Mandantenterminen kann als Aufgabe vollständig auf entsprechend geschulte nichtjuristische Mitarbeiter übertragen werden. Hierzu gehört dann aber auch die Kompetenz zur Limitierung der Besprechungstermine bzw. der Rückkoppelung bei der Annahme von neuen Mandanten. Denn es gilt die ungeschriebene berufsrechtliche Pflicht, nicht mehr Mandate anzunehmen, als bei vertretbarer Arbeitszeit zu schaffen sind[2].

---

2 Es besteht kein Kontrahierungszwang für Rechtsanwälte; ein solcher folgt insbesondere nicht aus § 44 BRAO. Feuerich/Braun, BRAO-Komm. § 44, Rz. 1 ff; Vorbrugg zitiert a.a.O. (S. 208) Zuck mit der Forderung, ein Anwalt dürfe einen Auftrag nur annehmen, wenn er die dafür erforderliche Sachkunde und die zur Bearbeitung nötige Zeit habe.

Wenn Sie diese Ansätze überzeugen, können Sie auch über eine unkomplizierte **längerfristige Planung** nachdenken. So bietet es sich für Anwaltskanzleien an, von der zweistufigen Juristenausbildung zu profitieren und den professionellen Nachwuchs aus **Referendaren** zu rekrutieren. Soweit diese über einen längeren Zeitraum in der Kanzlei beschäftigt werden, also auch außerhalb der Regelausbildung, ist dies die beste Methode, um kostenintensive „Probezeiten" von Junganwälten vorwegzunehmen. Natürlich hat die Einstellung eines Volljuristen den Vorteil, daß dieser juristisch wahrscheinlich besser geschult ist, als ein noch in Ausbildung befindlicher Referendar. Wägen Sie selber die Vor- und Nachteile ab:
Es gibt aber – als Kompromiß – auch Assessoren, die neben ihrer Arbeit an der Doktorarbeit Teilzeitarbeit für einen Anwalt leisten möchten oder Junganwälte, die in der zweiten Tageshälfte „eigene" Mandate bearbeiten möchten.

Personalplanung einer Kanzlei besteht jedoch nicht nur aus einem quantitativen Teil; sie hat auch inhaltliche Aspekte und ist erst optimal, wenn die inhaltlichen Anforderungen an die einzelne Stelle nicht jeweils nach der momentanen Situation festgelegt werden, sondern sich in ein langfristiges Gesamtkonzept einfügen. Eine Sozietät wird beispielsweise in Schwierigkeiten geraten, wenn bei vergleichbaren Aufgabenstellungen in einem Fall eine hochqualifizierte und -besoldete Sekretärin gesucht wird, man sich aber im nächsten Fall mit einer mäßig qualifizierten und besoldeten Kraft zufrieden gibt, in einem Fall von einem Junganwalt Prädikatsexamen verlangt, bei nächster Gelegenheit aber ein knapp bestandenes Assessorexamen genügen läßt.

Die „Beschaffungskosten" für einen externen anwaltlichen Berufsanfänger sind ungleich höher, da Sie stets einen vergeblichen Aufwand riskieren, wenn sich der neue Kollege als ungeeignet erweist. Hinzu kommen Kosten für Inserate, Zeitaufwand für Bewerbungs- und Auswahlgespräche usw. Ein interner Bewerber kennt die Kanzlei und ihre Abläufe und die „Kanzlei" kennt den Bewerber. Bei externen Bewerbern werden eher überhöhte Gehälter gezahlt. Durch die Übernahme interner Bewerber wird die Personalbeschaffung der Kanzlei für die anderen Mitarbeiter transparent.

Auf der anderen Seite ist die Zahl der internen Bewerber geringer. Bei der Auswahl interner Bewerber besteht auch die Gefahr, daß nicht nur fachliche und objektive Kriterien den Ausschlag geben.

Insgesamt dürften jedoch in der Regel die **Vorteile** der **internen Nachwuchsförderung** überwiegen. Um die Förderung, Schulung und Ausbildung von Mitarbeitern geht es auch im folgenden Abschnitt.

Mitarbeiterförderung

Beispiel 7 hat gezeigt, daß für die Kanzlei tätige Rechtsanwälte und nichtjuristische Mitarbeiter oft einer **Schulung und Weiterbildung** bedürfen, um den Anforderungen der an sie gestellten Aufgaben gerecht zu werden. Als Kanzleiführung sollten Sie ihren Blick auch darüber hinaus in die Zukunft richten und sich selbst sowie Ihre Mitarbeiter auf künftige Aufgaben und Herausforderungen vorbereiten. Viele Anwälte bilden sich laufend fort – eine Verpflichtung, die nunmehr auch in § 43a Abs. 6 BRAO enthalten ist –, viele absolvieren erfolgreich Spezialisierungskurse, z. B. als Bestandteile der Fachanwaltsausbildung.

Bei der Förderung der Anwälte und Mitarbeiter Ihrer Kanzlei sollten Sie folgende Punkte beherzigen:

- Ermöglichen Sie Aus-, Fort- und Weiterbildungsmaßen in **zeitlicher** Hinsicht;
- Fördern Sie diese Maßnahmen;
- Schaffen Sie ein festes **Budget für** die **Weiterbildungsmaßnahmen**, das unabhängig von der jeweiligen „Konjunktur" ist;
- Lehnen Sie grundsätzlich keinen **Weiterbildungswunsch** eines Anwalts oder nichtjuristischen Mitarbeiters ab;
- **Ermutigen** Sie Ihre Mitarbeiter zu Fortbildungsmaßnahmen, die Sie für sinnvoll halten;
- Last, not least: Sorgen Sie für systematische Schulung auch innerhalb der Kanzlei, insbesondere zur laufenden Einübung der TQM-Philosophie dieses Leitfadens.

Denken Sie noch einmal an die TQM-Grundaussage und versetzen Sie sich in einen Ihrer „Untergebenen". Wenn Sie angestellte Rechtsanwälte, Referendare und Fachkräfte **finanziell unterstützen**, dann sollten Sie im Idealfall auch hinter dieser Entscheidung stehen: Die Absicherung von Fortbildungszuschüssen durch Rückzahlungsklauseln mag bei einer betriebswirtschaftlichen Kalkulation ein kluger Ansatz sein. Wichtiger als die „Absicherung" dieser Investition in die Zukunft ist jedoch das **Vertrauen**, das sie Ihren Mitarbeitern entgegenbringen. Eine schriftliche Rückzahlungsvereinbarung setzt Signale in Richtung: „Wir brauchen Sie wegen Ihrer Qualifikation, nicht als Menschen!" Wenn Sie umgekehrt eine Maßnahme vorbehaltlos bezahlen, wird der Mitarbeiter dies zu schätzen wissen und das Gefühl haben, daß er auch um seiner selbst willen anerkannt und gefördert wird. Er wird wahrscheinlich denken: „Ich werde hier mit Fortbildungsmaßnahmen ohne wenn und aber gefördert. Dabei weiß die Kanzlei gar nicht, ob ich hier auf ewig bleibe. Sie setzt Vertrauen in mich!"

Noch einen Schritt weiter als die Förderung von einzelnen Fortbildungsmaßnahmen geht die **gemeinsame** individuelle „**Karriereplanung**". Die Kanzleiführung sollte sich also zum Beispiel mit einem erfolgversprechenden Referendar oder Junganwalt zusammensetzen und im Rahmen der geltenden Kanzleipolitik gemeinsam ein Konzept der möglichen Karriere dieses „Kandidaten" planen. Je früher dies geschieht, um so besser können beide Seiten Ihre Ziele aufeinander abstimmen. Legt die Kanzlei also zum Beispiel Wert darauf, daß ein Junganwalt eine abgeschlossene Zusatzausbildung im Ausland absolviert, dann können die Erfahrungen und Verbindungen der Kanzleiführung dem Nachwuchs wertvolle Hilfestellungen bieten. Umgekehrt kann so die Kanzlei die Nachwuchskraft auf das Anforderungsprofil der Kanzlei „hin entwickeln". Hierbei ist eine längerfristige Planung wichtig und eine auch finanzielle Förderung mehr als hilfreich.

Eine strategisch den **Nachwuchs** fördernde Kanzleiführung:

- verfügt über einen allgemeinen in den Gesamtplan (Kanzleistrategie) eingebundenen Nachwuchsplan;
- erarbeitet mit jungen Nachwuchskräften frühzeitig ein **Konzept** für die individuelle Karriereplanung;
- bringt eigene – positive und negative – **Erfahrungen** in die Planung mit ein;
- hat feste **Vorstellungen** und **Leistungsanforderungen** an den Nachwuchs;
- hat ein **festes Budget** zur finanziellen Förderung des Nachwuchses[3].

Ebenso wichtig, wie die Förderung der Fähigkeiten der Mitarbeiter, sind die Art der Führung und der Führungsstil

---

3 Vgl. Zink, a.a.O., S. 136.

in der Kanzlei. Im Anschluß an die Ansätze im 2. Kapitel daher noch einige Worte zum Thema:

Personalführung

Die Aufgabe der Personalführung stellt sich bei jedem Mitarbeiter, der für Ihre Kanzlei tätig ist, ob Rechtsanwaltsfachangestellte, Auszubildende, ungelernte Kraft, Student, Referendar oder aber Rechtsanwalt. Dabei sind zu unterscheiden:
– **Gruppen von Mitarbeitern**, deren Aufgaben untereinander koordiniert werden müssen und
– **der einzelne Mitarbeiter**, dessen Aufgabenerfüllung kontrolliert und gegebenenfalls beeinflußt werden muß.

Das Mittel der Führung ist die **Kommunikation** zwischen Kanzleiführung und Mitarbeiter, Führen heißt **Informieren**[4].

Wie bereits in Kapitel 2 erläutert, braucht jeder Mitarbeiter die Bestätigung und das Gefühl, eine sinnvolle Aufgabe zu erfüllen. Erhalten die Mitarbeiter – objektiv oder subjektiv – keine ausreichende Information, sei es über die Kanzlei oder den Stellenwert ihrer Arbeit in der Kanzlei, so führt dies zu Frustration. Wichtig ist nicht nur das „Vertrautmachen" der Mitarbeiter mit den Kanzleizielen. Wichtig sind für alle Mitarbeiter vor allem Informationen über die Möglichkeiten ihrer Entwicklung innerhalb der Kanzlei, die Sicherheit ihres Arbeitsplatzes, über die Perspektiven der Kanzlei, aber auch über wirtschaftliche Gegebenheiten und sonstige Rahmenbedingungen. Was würden Sie als Mitarbeiter ihrer Kanzlei denken, wenn Ihnen derartige Informationen vorenthalten werden?

---

4 Bühner, Der Mitarbeiter im Total Quality Management, 1993, S. 140 ff.; Bruch/Leber, Personalführung, in: Maess/Maess (Hrsg.), Das Personal-Jahrbuch '96, 1995, S. 351.

Doch wahrscheinlich, daß die Kanzleiführung die Weitergabe dieser Informationen gerade an Sie für nicht notwendig und unwichtig hält. Die Kanzleiführung interessiert deshalb wahrscheinlich auch nicht, was oder wie Sie über diese Information denken würden. Verbesserungsvorschläge werden also nicht für möglich oder sinnvoll gehalten.

Daß dies nicht gerade einen Vertrauensbeweis darstellt, dürfte einleuchten. Wieweit die jeweilige **Transparenz** der Informationen gehen sollte, entscheiden Sie. Ob Ihre gegenwärtige „**Informationspolitik**" die richtige ist, bleibt zu hinterfragen.

Diese Informationen sollten auch vor der eigentlichen Mandatsbearbeitung nicht haltmachen. Auch Arbeit der nichtjuristischen Mitarbeiter läßt sich um vieles verbessern, wenn die Sekretärin nicht nur als Schreibkraft eingesetzt, sondern nach Maßgabe des Einzelfalles und der individuellen Fähigkeiten informiert und eingesetzt wird („Anwaltsassistentin"). Sie weiß dann z. B. eher, was wann wichtig und eilig ist und was nicht. Sie kann selbst konkrete Verbesserungsvorschläge machen und etwa erkennen, daß ein Schreiben an die falsche Adresse gerichtet ist.

Bestehende **Informationsdefizite** aus Sicht der Mitarbeiter werden von der Kanzleiführung oftmals nicht bemerkt oder aber in seiner Bedeutung unterschätzt. Daher sollten Art und Umfang der von den Mitarbeitern erwünschten Informationen in Einzelgesprächen ermittelt werden. Wie viele Informationen die Kanzleiführung an welche Mitarbeitergruppe weitergibt, ist eine von der Kanzleiführung sorgfältig abzuwägende Frage. Diese wird sich in Einklang mit dem **Führungsstil** beantworten: Überwiegen im Führungsstil **autoritäre Merkmale**, wird eher eine restriktive Informationspolitik gewählt werden, überwiegen bereits die **kooperativen** oder **delegativen**

Führungselemente, werden die Informationen eingehender sein.

Wenn sich die Mitarbeiter für Informationen jeglicher Art interessieren, so ist dies ein Indiz für ein Interesse an der Kanzlei. Desinteressierte Mitarbeiter brauchen keine Informationen. Als Grundsatz gilt: „Gut informierte Mitarbeiter sind auch motivierte Mitarbeiter"[5]. Motivierte Mitarbeiter sollen aber berechtigt und sogar verpflichtet sein, Möglichkeiten zur **Qualitätsverbesserung** aufzuzeigen. Die Mitarbeiter sind also zu einer ständigen Verbesserung allen Handelns aufgerufen.

Hierbei kann allerdings ein verbreitetes Kommunikations-Problem auftreten. Dieses Problem tritt innerhalb eines Unternehmens im Verhältnis Unternehmensleitung zu Mitarbeitern und umgekehrt auf und basiert auf einer fehlenden Trennung zwischen Sach- und Personenargumenten. Ebenso wie die Anwälte als Einzelpersonen von dem Unternehmen Kanzlei verschieden sind, so ist auch die Kommunikation nach den Ebenen Unternehmer/Mitarbeiter (sachlich) und Führungsperson/Geführter (persönlich) zu trennen. Nicht nur der Vorgesetzte kann konstruktive sachliche Kritik fälschlich als persönlich gemeint mißverstehen, sondern jeder Mitarbeiter mißinterpretiert sehr leicht Korrekturen als persönliche Sanktionen. Verbesserungsvorschläge von Mitarbeitern, die auf eine sachlich gebotene Qualitätssteigerung abzielen, verstehen Führungskräfte oftmals als Kritik an ihrer Person. Denn ein Verbesserungsvorschlag bedeutet zugleich, daß eine Sache bisher entweder nicht gemacht wurde (weil die Führung diese Möglichkeit selbst nicht gesehen hat) oder aber schlechter bzw. falsch gemacht wurde (weil die Führung den Fehler nicht gesehen hat).

---

5 Zur Notwendigkeit einer mitarbeiterorientierten Qualitätsstrategie vgl.: Krämer, NJW 1996, S. 2355; Bruch/Leber, a.a.O., S. 351.

Die Aufgabe der Führung lautet: „Unterscheiden Sie stets sachliche und persönliche Kritik!" Der Unterschied zwischen (persönlicher) Schuldzuweisung und (sachlicher oder persönlicher) Ursachenermittlung muß stets präsent sein. Nur letztere hilft und motiviert, besser zu werden, erstere hindert und demotiviert.

Der positive Verbesserungsvorschlag eines Mitarbeiters sollte belohnt werden. Dies muß nicht durch finanzielle Vergütung erfolgen, obwohl dies bei Vorschlägen, die z. B. zu einer deutlichen Kosteneinsparung führen, durchaus angemessen sein kann. Ob ein Mitarbeiter „öffentlich", d. h. im Kreis der Mitarbeiter gelobt oder gar ausgezeichnet wird, etwa im Rahmen einer TQM-Sitzung, ist eine von der Kanzleiführung zu entscheidende Frage. Öffentliches Lob kann kontraproduktiv sein, wenn hierdurch Neidgefühle geweckt oder einzelne Mitarbeiter sich zurückgesetzt fühlen[6].

Vielleicht sollten Sie an dieser Stelle auch über den **Führungsstil** Ihrer Kanzlei nachdenken. Hierzu einige Merkmale, die zum Nachdenken anregen sollen:

Der jeweilige Führungsstil der Kanzleiführung ist so unterschiedlich, wie die Rechtsanwälte selbst. TQM basiert allerdings auf gewissen Grundgrößen, die einige Führungsstile als nicht adäquat ausschließen. Eine an den Mitarbeitern orientierte Führung bezieht diese bewußt in die Führung mit ein und enthebt sie damit der Rolle reiner **Befehlsempfänger**. Dies beruht nicht auf Schwäche oder Sentimentalität, sondern folgt zum einen aus der Verfolgung der selbständigen TQM-Ziele „Mitarbeiterorientierung" sowie „Mitarbeiterzufriedenheit", und zum anderen aus dem heutigen Basiswissen über

---

[6] Vg. Auch Zink, a.a.O., S. 142.

das Verhältnis von **Mitarbeitermotivation** und **Leistungsbereitschaft** der Mitarbeiter.

In jeder Hinsicht problematisch, gleichwohl jedoch noch weit verbreitet, sind **autoritäre Führungsstile**. Deren **Merkmale** sind[7]:

- Die **Mitarbeiter** werden an Entscheidungen **nicht beteiligt**;
- Dominante Instrumente sind **Befehl, Gehorsam, Strafandrohung** (Abmahnung, Kündigung) und starke Kontrolle;
- **Positionsautorität** herrscht vor, Persönlichkeitsautorität und Fachautorität werden zurückgedrängt;
- Das Verhältnis der Anwälte untereinander ist **hierarchisch** ausgeprägt;
- Das Verhalten untereinander ist **menschlich distanziert**;
- Untergebenen Anwälten und (erst recht) nichtjuristischen Mitarbeitern werden **wenig Spielräume und Freiheiten** gewährt;
- Der **Informationsfluß** gegenüber den Mitarbeitern ist auf das für die Aufgabenerledigung notwendige Maß **reduziert**;
- Umgekehrt sind die **Mitarbeiter** zur Übermittlung jeglicher Informationen unter Androhung von Strafe bei Unterlassen **verpflichtet**.

Der autoritäre Führungsstil hat zwar den Charme der Einfachheit für sich, denn er verhindert in jeder Situation, daß die bestehenden **Machtverhältnisse** verändert werden könnten, verhindert aber die optimale Nutzung des Potentials aller Mitarbeiter.

---

7 Bruch/Leber, a.a.O., S. 354.

Das heute wohl am weitesten verbreitete Führungskonzept ist die **Führung durch Zielvereinbarung** (Management by Objectives)[8]. Dieses Konzept basiert auf der Annahme, daß jeder Mensch bereit ist, ein und dieselbe Aufgabe eher dann auszuführen, wenn er sie freiwillig (einvernehmlich) übernommen hat, als wenn er einseitig eine Anweisung erhalten hat.

Der **kooperative Führungsstil** kommt zu einem hohen Motivationsniveau, selbst wenn der Mitarbeiter im Ergebnis die Aufgabe auch gegen seinen Willen ausführen müßte. Allein die Tatsache der Berücksichtigung der Wünsche des Mitarbeiters bei der Ziel- oder Aufgabenformulierung ist entscheidend. **Merkmale** des kooperativen Führungsstils sind:

– Das Verhältnis zwischen Führung und Mitarbeiter ist von **Vertrauen** gekennzeichnet;
– Den Mitarbeitern werden weitgehende Handlungsspielräume gewährt, **selbständiges** Handeln wird gefördert;
– Entscheidungen werden **gemeinsam** getroffen;
– Die Mitarbeiter sollen sich mit den Entscheidungen **identifizieren**;
– Die Mitarbeiter arbeiten **eigenständig**, eine Überwachung des Arbeitsprozesses findet nicht statt, die Ergebnisse können und müssen teilweise kontrolliert werden;
– Der Einfluß der Führung auf den Mitarbeiter ergibt sich wie selbstverständlich aus der **persönlichen und fachlichen Autorität**, nicht jedoch aus der Positionsautorität;
– Die **Anweisungen** gegenüber den Mitarbeitern sind nur im **Rahmen** umrissen, nicht detailliert (schriftliche Richtlinien erübrigen laufende Einzelanweisungen);
– Die Mitarbeiter dürfen und sollen **konstruktive Kritik** üben.

---

8 Carl/Kiesel, Unternehmensführung, 1996, S. 152; Bühner, a.a.O., S. 137.

Auch der **delegative** Führungsstil baut auf die Kompetenz und Leistungsbereitschaft der Mitarbeiter. Dieser Führungsstil ist insbesondere im Verhältnis vom führenden zum nachgeordneten Rechtsanwalt angezeigt. Merkmale des delegativen Führungsstils sind[9]:

- Die Entscheidungen werden unter maßgeblicher **Beteiligung** der Mitarbeiter getroffen;
- Die Mitarbeiter arbeiten von der Führung **unabhängig**, im Unterschied zum kooperativen Führungsstil findet wenig Interaktion statt;
- Es findet keine **direkte Kontrolle** der Arbeitsabläufe der Mitarbeiter statt, nur die Ergebnisse werden im Einzelfall überprüft;
- Da die Freiheiten des Mitarbeiters groß sind, ist eine weitgehende Planung und **Abgrenzung der Kompetenzen** erforderlich;
- Die Führung stellt die **Infrastruktur** zur Verfügung;
- Die **Delegation** stellt die **Hauptaufgabe** der Führung dar, nämlich Aufgaben auf selbständig handelnde andere Personen zu übertragen.

Gerade das Anliegen der **Aufgabendelegation** sieht sich einem erheblichen **psychischen Hemmnis** vieler Führungskräfte gegenüber, da insbesondere Anwälte zu einer „Es klappt ja doch nur, wenn ich es selbst erledige." – Einstellung tendieren. Die Entscheidung, eine abgrenzbare Aufgabe auf einen anderen zu übertragen, bedeutet stets auch, daß diese Aufgabe von einem anderen, meist untergeordneten Subjekt, erledigt werden kann. Damit gibt der Delegierende zu erkennen, daß er selbst zur Erfüllung dieser Aufgabe nicht (mehr) notwendig ist. Tendenziell wächst also der Widerstand der Führungskraft

---

9 Bruch/Leber, a.a.O., S. 356.

gegen die Delegation mit der Anzahl der delegierten Aufgaben an.

Sowohl der kooperative Führungsstil wie der delegative Führungsstil sind Ausprägungen des „Management by Objectives". Sie beruhen auf **Zielvereinbarungen** mit allen Arbeitnehmern, die in das gesamte System der Kanzlei und ihrer Ziele eingebunden sind und in die **Stellenbeschreibungen** eingehen. Die einzelnen Aufgaben werden am effektivsten in **persönlichen Gesprächen** zwischen Vorgesetztem und Mitarbeiter erarbeitet[10]. Bewährt hat sich beispielsweise das morgendliche Gespräch zwischen Rechtsanwalt und Sekretärin über den Tagesablauf. Die Grundgedanken dieser beiden Führungsstile, nämlich alle Mitarbeiter wie mündige Erwachsene zu behandeln sowie deren Leistungen zu fördern und gleichzeitig zu nutzen, bewirkt unmittelbare positive Veränderungen der Zufriedenheit der Mitarbeiter. Auf diese soll nun eingegangen werden.

Mitarbeiterzufriedenheit[11]

Haben Sie sich in Ihrer Kanzlei schon einmal Gedanken darüber gemacht, nicht nur beiläufig sondern bewußt, ob Ihre Mitarbeiter zufrieden sind, und wenn ja, mit welchem Ergebnis? Wenn Ihre Einstellung gegenüber den Mitarbeitern in etwa durch die Aussage: „Solange die ihre Arbeit gut machen, ist mir der Rest egal!" wiedergegeben wird, wäre dies bedenklich. So teilnahmslos wird Ihre Kanzleiführung wahrscheinlich aber nicht sein. Die Grundeinstellung dürfte sich wohl zwischen den Aussagen: „Natürlich finde ich es gut, wenn die Mitarbeiter auch gerne arbeiten!" und „Wir bestehen darauf, daß unsere Mitarbeiter in jeder Hinsicht zufrieden sind!" bewegen.

---

10 Vgl hierzu Bruch/Leber, a.a.O., S. 372.
11 Vgl zum nachfolgenden Teil: Mauer/Krämer, Marketingstrategien, Rz. 185 ff.

Warum ist die **Zufriedenheit** der Mitarbeiter **wichtig**?
1. Die Zufriedenheit der Mitarbeiter kann – nicht muß – ein selbständiges Kanzleiziel sein. Wenn sich die Kanzleiführung sagt: „Jeder, von dem wir erwarten, daß er sich für uns voll einsetzt, kann das gleiche von uns erwarten. Wir schulden unseren Mitarbeitern nicht nur ihr Gehalt, sondern eine Arbeitsumwelt, in der sie auch zufrieden sind.", dann können Sie dies auch als Kanzleiziel formulieren, um sich selbst den Stellenwert der Mitarbeiterzufriedenheit zu veranschaulichen.
2. Unabhängig davon, ob die Zufriedenheit der Mitarbeiter zu einem eigenständigen Kanzleiziel erhoben wird, ist deren Bedeutung als Motivationsfaktor unbestreitbar. Die Bedeutung kann in der Aussage widergespiegelt werden: „Ohne zufriedene Mitarbeiter, keine zufriedenen Mandanten!". Denn Motivation und Zufriedenheit sind eng miteinander verknüpft: Wer motiviert ist, arbeitet besser und mehr als unmotivierte Menschen. Hinzukommt, daß es einfach erfreulicher ist, mit zufriedenen als mit unzufriedenen Mitarbeitern zusammenzuarbeiten.
3. Nur zufriedene Mitarbeiter sind bereit, Mandanten ein positives Bild von der Kanzlei zu vermitteln.

Als **Zwischenergebnis** läßt sich daher festhalten: Unabhängig von der Größe Ihrer Kanzlei ist die Zufriedenheit ihrer Mitarbeiter wichtig und unbedingt anzustreben. Wenn Ihre Mitarbeiter bereits zufriedene Mitarbeiter sind, dann ist dies gut so, wenn nicht, sollten Sie schnellsten etwas tun. Ob und was Sie ändern sollten, hängt von der Antwort auf die Frage ab: Sind Ihre Mitarbeiter zufrieden?

„Ja, das heißt, ich denke schon." oder „Ich hoffe es!" oder „Ich weiß nicht." sind mögliche ehrliche Antworten. Aber wissen Sie, ob Ihre Mitarbeiter zufrieden sind? Wenn ja, woher? Ebenso, wie über die tatsächliche Zufriedenheit der Mandanten hat der Rechtsanwalt auch über die Zufriedenheit der Mitarbeiter ein „Bild" oder einen Eindruck. Dieses Bild ist subjektiv. Es kann sogar so subjektiv sein, daß es objektiv falsch ist. Für die Mitarbeiter ist jedoch entscheidend, was sie selbst empfinden, nicht, was die Kanzleiführung annimmt bzw. vermutet.

Wenn es Ihnen also auf die Zufriedenheit der Mitarbeiter ankommt, sollten Sie es nicht bei subjektiven Annahmen und Mutmaßungen bewenden lassen.

Ein erster und eigentlich selbstverständlicher Schritt besteht im Eingehen auf geäußerte Beschwerden der Mitarbeiter. Diese sollten grundsätzlich ernst genommen und besprochen werden, wo möglich, soll Abhilfe geschaffen werden. Dies kostet natürlich Zeit, und die ist bei jedem Anwalt kostbar und knapp. Aber überlegen Sie selbst, wie wichtig die nichtjuristischen Mitarbeiter (Ihnen) sind! Wenn Sie sagen: „Meine Mitarbeiter beschweren sich nicht!", dann bedeutet das nicht, daß die Mitarbeiter zufrieden sind. Die Gründe, sich nicht zu beschweren sind vielfältig:

– weil die Mitarbeiter an Verbesserungen selbst kein Interesse haben (unwahrscheinlich);
– weil es in Ihrer Kanzlei aus Sicht der Mitarbeiter ohnehin keinen Zweck hat, sich zu beschweren;
– weil Beschwerden als persönliche Kritik der Anwälte oder Sozien aufgefaßt werden;
– weil die Mitarbeiter Angst haben;
– weil die Anwälte Ihnen nicht zuhören.

Es gibt daher grundsätzlich zwei Wege, um über die Behandlung von geäußerten Beschwerden hinaus zu einem objektiveren Bild der Zufriedenheit Ihrer Mitarbeiter zu gelangen.

Zum einen kann eine direkte Befragung ein Weg sein, eine andere Methode baut auf die Bewertung von Indikatoren für Zufriedenheit.

Die **direkte Befragung** hat einen großen Vorteil, wie auch einen erheblichen Nachteil: Durch die direkte Befragung der Betroffenen ist ein authentisches Bild über deren Zufriedenheit zu erlangen (Vorteil), die Betroffenen sind jedoch oftmals aus Angst oder Zurückhaltung nicht bereit, eine offene und ehrliche Auskunft zu geben (Nachteil). Dort, wo zwischen Kanzleiführung und Mitarbeiter ein von Vertrauen getragenes Arbeitsverhältnis besteht, sollte eine offene Besprechung möglich sein. Selbst wenn Sie für sich selbst in Anspruch nehmen, daß Sie ein vertrauensvolles Verhältnis zu einem Mitarbeiter haben, sollten sie jedoch nicht aus dem Fehlen von geäußerten Wünschen oder Beschwerden auf eine vorhandene Zufriedenheit schließen. Die Gründe, eine vorhandene Unzufriedenheit, z. B. über die bestehende unflexible Arbeitszeit, Bezahlung, Umgangston, Uninformiertheit usw., nicht zu äußern, sind vielfältig. Eine aktive und auf die Zufriedenheit der Mitarbeiter ausgerichtete Kanzleiführung fragt daher von sich aus nach dem Befinden der Mitarbeiter.

Die Art und Weise, wie man die Mitarbeiter befragen kann, ist vielfältig[12]. In Betracht kommen ganz allgemein:

- Freies „Interview"
- Standardisierte Befragung (alle Mitarbeiter bekommen anhand einer „Checkliste" die gleichen Fragen gestellt)
- Gruppendiskussion
- Beantwortung von Fragebögen, und zwar mit Namensnennung oder anonym
- „Kummerkasten"

---

12 Vgl. Zink, a.a.O., S. 194.

Wenn Ihre Kanzlei weniger als ca. 10 Mitarbeiter beschäftigt, dann sind anonymisierte Befragungen oder ein „Kummerkasten" ungeeignet. Diese Methode soll den Mitarbeitern die Angst nehmen, ehrliche Kritik nicht ungestraft üben zu können. Allein die Tatsache, daß dies nötig oder von den Mitarbeitern gewünscht sein könnte, spricht eine beredte Sprache. Für kleine und mittelgroße Kanzleien bietet sich praktisch an, daß ein bestimmter Anwalt als eine Art „Vertrauensanwalt" die Rolle des Befragenden übernimmt und in Einzel- oder Gruppengesprächen das Interesse an der Thematik wachruft und nach Beschwerden und Zufriedenheit fragt. Solche Befragungen in Einzelgesprächen verlangen ein erhebliches Maß an Einfühlungsvermögen. Erst recht gilt dies für das Moderieren von Gruppendiskussionen. Wenn diese Form des Gesprächs gewählt wird, dann sollte sich ein bestimmter Anwalt eingehend damit befassen.

Die direkte Befragung beinhaltet, wie oben bereits angesprochen, das Problem der mangelnden Offenheit und Ehrlichkeit der Befragten. Überwiegen im Führungsstil Ihrer Kanzlei autoritäre Merkmale, ist die Methode der direkten Befragung im Einzelgespräch problematisch, möglicherweise sogar ganz ungeeignet. Auch wenn die Mitarbeiter keine augenscheinlichen Angstsymptome äußern, so besteht doch die Neigung, als Befragter die jeweilige Antwort nach den Wünschen des Befragenden auszurichten. Stellen Sie sich vor, eine fachlich als durchschnittlich einzustufende, aber nicht sehr selbstbewußte Sekretärin leide unter erheblichen Überstunden, die bereits zu großen privaten Unzuträglichkeiten geführt haben. Wenn dann die Sekretärin zu einem Gespräch gebeten wird, dessen Inhalt und Ziel ihr nicht bekannt sind, so wird sie nervös und angespannt sein und alles tun, um schnell den Raum wieder verlassen zu dürfen. Ganz gleich, wie die Fragen gestellt werden (objektiv oder subjektiv), das Ergebnis wird allemal objektiv wertlos sein, auch wenn die Kanzleiführung sich subjektiv bestätigt finden sollte.

Auf die Frage: „Sagen Sie mal, Frau Hilflos, sind Sie so – alles in allem – mit Ihrer Arbeit zufrieden, ich meine, trotz der vielen Überstunden in der letzten Zeit?" wird Frau Hilflos kaum ehrlich antworten. Sie wird vielmehr Angst haben, daß sie auf eine ehrliche Antwort hin („Das mit den vielen Überstunden paßt mir überhaupt nicht! Zu Hause ist bei mir die Hölle los!") zu hören bekommt: „Also bei Ihren Leistungen, da müssen Sie sich schon ein bißchen ins Zeug legen! Was meinen Sie denn, wie lange ich hier jeden Abend sitze? Und Ihre privaten Probleme lassen Sie doch bitte aus dem Spiel! Meine Kinder sehen mich auch nur am Wochenende und selbst da ... (usw.)" oder gleich „gefeuert" wird. Wenn Sie sich als Vorbereitung auf solche Gespräche ganz einfach in den Mitarbeiter hineinversetzen, werden Sie jedoch brauchbare Ergebnisse erzielen.

Für eventuelle Gruppendiskussionen ist zu beachten, daß es auch bei den Mitarbeitern Macht- und Einflußstrukturen gibt, die Schwache daran hindern, ihre eigenen Sorgen und Nöte vorzubringen. Dieses Problem tritt in der Gruppe zu der Angst vor dem Befragenden bzw. Moderator als Autoritätsperson hinzu. Wenn Sie bei allen Erhebungsmethoden die nachfolgenden Punkte beherzigen, können Sie die wichtigsten Fehlerquellen ausschalten[13]:

– Kündigen Sie die Befragung vorher gegenüber allen Mitarbeitern an und teilen Sie ihnen das Ziel der Erhebung mit;
– Beziehen Sie alle Mitarbeiter in die Befragung mit ein;

---

13 Vgl. Zink, a.a.O., S. 195.

- Führen Sie die Befragung regelmäßig, z. B. jährlich, durch;
- Sichern Sie dem einzelnen Mitarbeiter Vertraulichkeit zu;
- Bereiten Sie den Befragenden auf die Befragung gut vor;
- Stellen Sie nicht zu viele Fragen an den einzelnen Mitarbeiter; aber fragen Sie am Ende, ob noch Punkte vergessen wurden, die dem Befragten am Herzen liegen.

Mögliche Inhalte einer Mitarbeiterbefragung ergeben sich zwar „von selbst", können jedoch sicherheitshalber vorher in einer Gruppensitzung der Mitarbeiter gesammelt werden. Mitarbeiterfragebögen können ohne weiteres auch Fragen nach sonstigen Mängeln und Verbesserungsmöglichkeiten, etwa in den Büroabläufen, enthalten und sollten dies auch. Ein Beispiel eines Mitarbeiterfragebogens finden Sie in der Anlage 7.

Als zweiter Weg der Erforschung der Zufriedenheit der Mitarbeiter bietet sich die **Indikatoren-Bewertung** an. Hierbei wird – wie bei einem Indizienbeweis – von Hilfsfaktoren auf die Zufriedenheit der Mitarbeiter geschlossen. So ist Ihnen bekannt, daß **Krankheits-Fehlzeiten** der Arbeitnehmer nicht unbedingt mit der Gefahrenträchtigkeit des konkreten Arbeitsplatzes korrelieren. Der unschöne Begriff des „Blaumachens" spiegelt aber nicht nur ein erhebliches volkswirtschaftliches Problem wider, sondern ist auch ein wichtiger Einzelindikator für die (Un-)Zufriedenheit des Einzelnen mit seinem „Job".

Wie hoch sind die Krankheitsfehlzeiten Ihrer Mitarbeiter im Vergleich zu anderen Kanzleien? Wenn Sie dies wissen, dann haben sie einen direkten Vergleich mit der „Konkurrenz" und können feststellen, ob sie sich im „normalen" Bereich bewegen[14]. Wie hoch die Krankheitsfehlzeiten in anderen Kanzleien sind, müssen Sie selbst herausfinden, wie überhaupt die Informationsbeschaffung und deren Analyse allgemein Aufgaben der Kanzleiführung sind, die immer wichtiger werden.

Ein weiterer Zufriedenheitsindikator ist die **Dauer der Betriebszugehörigkeit** sowie die **Fluktuationsrate**.

All dies gilt in verstärktem Maße für die **juristischen Mitarbeiter**, wobei spezifische Zufriedenheitsaspekte in den Vordergrund treten: Selbständigkeit, Mandatszuweisung, Arbeitsdruck, Resonanz auf die Bearbeitung, Aus- und Fortbildung, Karriereentwicklung, Partnerschaftsperspektive, kanzleiinterne Konkurrenzsituation (gerechte Beurteilung) und ganz allgemein die interne „Stimmung" sind nur einige Schlagworte, die sich positiv wie negativ auf die Zufriedenheit auswirken. Unter Berücksichtigung der jeweiligen örtlichen Gegebenheiten und unter Betrachtung von vergleichbaren Kanzleien werden Sie schnell ein Bild über Ihre Kanzlei erhalten.

Ein für die Personalführung und Personalplanung sensibler Bereich und oft auch die Nagelprobe für eine erfolgreiche Personalführung ist die zutreffende **Gehaltsbemessung**. Hierfür sind alle Gesichtspunkte der schon beschriebenen Planungsmethode zu berücksichtigen. Es müssen also für die Gehaltsbemessung im voraus Kriterien festgelegt werden. Die Kriterien sollten nach dem Anforderungsprofil gewichtet werden. Es ergibt sich dann eine differenzierte Beurteilungsgrundlage und zwar sowohl für die Praxisführung, wie auch für den Mitarbeiter. Sie sollten für den Mitarbeiter nachvollziehbar und plausibel sein. Die Ausarbeitung einer derartigen planvollen

---

14 Diese allgemeine Methodik des Vergleichs mit konkurrierenden Branchenunternehmen ist auch als „Benchmarking" bekannt. Vgl. hierzu: Zink, a.a.O., S. 262 ff.

Gehaltsbemessung wird ein Gehaltsgefüge für die Gesamtpraxis ergeben.

Wie weit das Gesamtgefüge für den einzelnen Mitarbeiter transparent werden soll, hängt weitgehend von dem Stil der Praxisführung ab. Für die Mitarbeiterzufriedenheit bleibt es allerdings entscheidend, daß für den einzelnen Mitarbeiter die Überzeugung gewonnen wird, auch durch die Gehaltsbemessung motiviert und gerecht eingestuft (in der Regel ist die absolute Gehaltshöhe nicht so entscheidend wie der Vergleich mit den Kollegen) zu sein. Auch hierfür empfehlen sich Gespräche mit den Mitarbeitern ohne abzuwarten, bis Forderungen von den Mitarbeitern erst gestellt werden müssen. Die Perspektiven der zukünftigen Tätigkeit sind ebenfalls verbunden mit der Klärung, welche Gehaltsentwicklung der Mitarbeiter erwarten kann.

Die Kanzleiführung wird auch das Gesamtgefüge der Gehaltsbemessung grundsätzlich und strukturell mit den Mitarbeitern erörtern. Es sollte nicht unterschätzt werden, welche teilweise geringen Zuwendungen hohe Anerkennung bei den Mitarbeitern finden und welche Anregungen von den Mitarbeitern kommen können. Die Skala kann reichen von der Überlegung, beispielsweise auch für nichtjuristische Mitarbeiter vom Kanzleigewinn unabhängige Bonusregelungen auszuarbeiten, bis zu der banalen Überlegung, welches Budget für einen Betriebsausflug zur Verfügung gestellt wird.

Für die Gehaltsbemessung gibt es kein Patentrezept. Sie ist allerdings zentral für die Mitarbeiterzufriedenheit und sollte die für die Personalführung und Personalplanung erarbeiteten Kriterien plausibel reflektieren und als leistungsgerechte Vergütung, die von den Mitarbeitern akzeptiert wird, gestaltet sein.

Personalplanung und Personalführung sind schließlich ebenso geeignete wie hilfreiche Hilfsmittel für die Lösung unerwünschter aber gelegentlich unabwendbarer Konfliktfälle in der Zusammenarbeit von Mitarbeitern. Solche Konfliktsituationen mögen wegen Einzelfragen auftreten oder das Mitarbeiterverhältnis insgesamt berühren.

Eine erfolgreiche, den Mitarbeitern vertraute und von den Mitarbeitern akzeptierte Personalplanung und -führung wird primär zunächst zur Konfliktvermeidung führen. Dennoch sind Unzulänglichkeiten, Kollisionen und Konflikte nie gänzlich auszuschließen und liegen auch wohl in der Natur jeder Zusammenarbeit. Konfliktfälle werden oft von sachfremden Überlegungen und Motivationen, vor allem auch von Emotionen, wie etwa von Eifersüchteleien, geleitet und bestimmt. Oft erst entstehen Konfliktfälle deswegen oder steigern sich aus diesen Gründen.

Eine rationale Personalführung und Personalplanung hat in diesen Fällen Maßstäbe und Kriterien zur Hand, um durch rationale Entscheidungen, die an diesen Kriterien ausgerichtet sind, eine akzeptable Lösung zu ermöglichen.

Eine funktionierende Personalführung wird in diesem Fall zu einer „Instanz" für die Klärung und Entscheidung der Konflikte. So wird beispielsweise ein im Rahmen der Personalplanung für eine Stelle überlegt ausgearbeitetes Anforderungsprofil die Lösung von streitigen Zuständigkeits- oder Kompetenzfragen erleichtern. Die Lösung wird in diesen Fällen von den Mitarbeitern auch eher als plausibel und gerecht akzeptiert. Neben der Mitarbeiterzufriedenheit wird durch die Personalführung das Vertrauen gestärkt, daß Konflikte letztlich gerecht gelöst werden können.

Für die Praxisführung wird auch die Lösung weitestgehender Konfliktfälle, die zu einer Auflösung eines Mitarbeiterverhältnisses führen, erleichtert. Die Ausarbeitung des klaren Anforderungsprofils zeigt auch die Grenzen der Möglichkeit einer Zusammenarbeit auf. Dieses ermöglicht am ehesten eine Trennung ohne „Tränen" und Streit.

Wie werden durch TQM die Ziele der Mitarbeiterorientierung und Mitarbeiterzufriedenheit umgesetzt?

Im Gegensatz zu ISO 9000 verlangt das vorliegende TQM-Modell in Anlehnung an die Modelle des Malcolm Baldrige National Quality Award[15] und des European Quality Award[16] auch die Umsetzung der vorgenannten Elemente einer Mitarbeiterorientierung.

Im einzelnen sollte eine TQM-Mitarbeiterorientierung folgende Elemente umfassen[17]:

- Planung und Verbesserung der Mitarbeiterressourcen;
- Ein Konzept, wie die Kompetenzen und Fähigkeiten der Mitarbeiter bei Personalplanung, Personalauswahl und Personalentwicklung erhalten und weiterentwickelt werden;
- Ein Konzept für und die Durchführung von Zielvereinbarungen mit Mitarbeitern, einschließlich der Ergebnisüberprüfung;

---

15 Heimann/Hertz, Der Malcolm Baldrige National Quality Award und die Zertifizierung gemäß den Normen ISO 9000 bis 9004: Die wichtigsten Unterschiede, in: Staus, (Hrsg.); Qualitätsmanagement und Zertifizierung, 1994, S. 333 ff.
16 Zink, a.a.O., S. 130 ff.
17 Die Zusammenstellung der Elemente erfolgt in Anlehnung an die Kriterien des European Quality Award. Quelle: Der European Quality Award 1996 Bewerberbroschüre, S. 14.

- Die Beteiligung der Mitarbeiter am Prozeß der ständigen Verbesserung sowie deren Autorisierung zu selbständigem Handeln;
- Ein gelebtes System hierarchieübergreifender Kommunikation;
- Das Erarbeiten eines leistungsgerechten Gehaltsgefüges, das die Ziele der Personalplanung und -führung auch finanziell plausibel reflektiert.

Was setzt ISO 9000 voraus?

ISO 9000 enthält keine spezifischen Vorgaben im Hinblick auf die Mitarbeiterorientierung oder Mitarbeiterzufriedenheit im Sinne des vorliegenden TQM-Modells.

In der Norm 4.18 wird dem „Lieferanten" auferlegt, Verfahrensanweisungen zur Ermittlung des Schulungsbedarfs zu erstellen, aufrechtzuerhalten und für die Schulung aller Mitarbeiter zu sorgen, „die mit qualitätswirksamen Tätigkeiten betraut sind". Diese ist aber unmittelbar ausschließlich auf die Gewährleistung des Leistungsstandards zur Durchführung des Produktionsprozesses ausgerichtet. Eine über das notwendige Maß – das im übrigen wie stets bei ISO 9000 allein vom Unternehmer definiert wird – hinausgehende Personalentwicklung und eine Orientierung auf die Mitarbeiter ist nicht Gegenstand der Norm 4.18.

Die Norm verlangt zu Dokumentationszwecken, daß „Aufzeichnungen über Schulung" aufbewahrt werden müssen.

Was muß die Kanzlei tun, um eine TQM-Mitarbeiterorientierung zu verwirklichen?

1. Kurzfristige Einsatzplanung (Tages- und Wochenplanung) der nicht juristischen Mitarbeiter mit diesen gemeinsam planen und im Terminkalender für den betroffenen Anwalt und Mitarbeiter festhalten. Zu bedenken sind insbesondere auch kurzfristige Termine, Engpässe und Vertretungsmöglichkeiten.
2. Langfristige Planung der Einstellung und Übernahme von juristischen Nachwuchskräften. Erarbeiten von Karriereplänen mit geeigneten jungen Juristen im Rahmen der Kanzleistrategie.
3. Festlegung von Anforderungsprofilen für die Einstellung juristischer und nicht juristischer Mitarbeiter unter Beachtung der allgemeinen Qualitätspolitik der Kanzlei. Einhaltung des Profils.
4. Laufende kanzleiinterne Schulung
5. Unterstützung der Fortbildung der Mitarbeiter durch:
   – Freistellung für Lehrgänge und Seminare;
   – finanzielle Unterstützung dieser Maßnahmen.
6. Förderung von offener und ehrlicher Kommunikation in der Kanzlei. Fassen Sie konstruktive sachliche Kritik durch einen Mitarbeiter nicht an persönlichen Angriff auf.
7. Einsatz von kooperativen Führungsmitteln (Zielvereinbarungen), nicht jedoch von Befehl und Gehorsam. Einbeziehen der Mitarbeiter in die jeweilige Aufgabenformulierung.
8. Überdenken und konsequentes Nutzen der Delegationsmöglichkeiten.
9. Achten auf die Zufriedenheit der Mitarbeiter. Fragen Sie nach Verbesserungsmöglichkeiten und gehen Sie darauf ein, soweit es der Kanzleiablauf zuläßt (z. B. Änderung

der Pausenregelung, Gleitzeit, aber auch einzelner Arbeitsabläufe selbst).
10. Vermeiden von Ungewißheit juristischer Mitarbeiter über ihre Karrierechancen innerhalb der Kanzlei („Partnerperspektive").
11. Umsetzung der Kriterien der Praxisführung und -planung in ein differenziertes leistungsgerechtes und nachvollziehbares Gehaltsgefüge.

Kapitel 4: Umgang mit Ressourcen und Geschäftsergebnisse

Was sind eigentlich **Ressourcen**? Ressourcen sind im Grunde genommen alle Mittel und Faktoren, die eine Kanzlei zur Ausübung ihrer Funktion benötigt. Hierunter fallen sowohl die materiellen Mittel[1] (Kanzleiräume, Büroausstattung, Bücher, EDV, Telekommunikations-Anlagen, Geld) wie auch immaterielle Faktoren, angefangen bei den Anwälten als Berufsträgern, den sonstigen sog. „human resources", also dem Personal, der eingesetzten Zeit[2] bis hin zu dem Erfahrungsschatz der in der Kanzlei tätigen Anwälte. Insbesondere die letztgenannte Größe läßt sich versachlichen und zu einer Kanzleiressource machen.

Alle diese Faktoren bestimmen den täglichen Ablauf in der Kanzlei, sie sind mit entscheidend für Wohl und Wehe des einzelnen Mandats und damit auch der Qualität der Fallbearbeitung. Die Qualität der Kanzlei hängt entscheidend von der Mischung, oder besser gesagt der Organisation, dieser Mittel ab. Viele einzelne Punkte, wie z. B. die Notwendigkeit, die Entwicklung und die Tücken moderner EDV bedürfen eigentlich einer separaten Abhandlung. Gleiches gilt die Details der Büroorganisation. Viele Einzelthemen sind bereits in einschlägigen Werken dargestellt[3]. Dabei werden gerade so evident wichtige Faktoren wie der Einsatz von moderner Technik oder das eigene Zeitmanagement leider in der Praxis vernachlässigt; dies wird dann sichtbar, wenn Handlungs-

---

1 Grundlegend und umfassend hierzu: DAV (Hrsg.), Die moderne Anwaltskanzlei – Gründung, Einrichtung und Organisation, 1994.
2 Vgl. hierzu: Seiwert/Buschbell, Zeitmanagement für Rechtsanwälte – Mehr Erfolg und Lebensqualität, 2. Aufl. 1996, S. 11 f.
3 Die moderne Anwaltskanzlei – Gründung, Einrichtung und Organisation, 1994; Schiefer/Hocke, Marketing für Rechtsanwälte, 1996.

und Planungsbedarf erst dann entdeckt wird, wenn „das Kind bereits in den Brunnen gefallen" ist. So z. B., wenn sich die Anwälte der Kanzlei über die Notwendigkeit der Anschaffung neuer Computer erst dann Gedanken machen, wenn das letzte funktionsfähige Gerät „den Geist aufgegeben hat" und die Sekretärin die Reiseschreibmaschine als Notbedarf auspacken muß. Gleiches gilt für die Zeitplanung, i. S.v. Planung des eigenen Tages- und Wochenablaufs wie auch Koordinierung des Zeitbudgets der Kanzlei für bestimmte Rechtsgebiete und Mandanten. Die Organisation der eigenen Zeit erweitert nicht nur Freiräume für andere, entspannende Tätigkeiten, sie hält auch gesundheitsschädlichen Alltagsstreß von uns fern.

Worauf sich der Leitfaden hier beschränken soll, sind die bisher eher stiefmütterlich behandelten, aber gleichwohl aus TQM-Sicht fundamentalen Fragen des Umgangs mit **finanziellen Ressourcen**[4]. Damit sind finanzielle Mittel gemeint, die die Kanzlei benötigt und zum Betrieb der Kanzlei einsetzt, aber auch der Gewinn, der der Kanzlei wieder zufließt. Nicht hierunter fällt die Verwaltung von Fremdgeldern; auf diese wird in diesem Kapitel nur insoweit eingegangen, als dies zur Ausräumung von „Mißverständnissen" geboten erscheint.

Wendet man für eine Rechtsanwaltskanzlei den etwas hochtrabend klingenden Begriff des **Finanzmanagements** an, so können grob drei Phasen der Entwicklung unterschieden werden:

Phase 1: Die Kanzlei hat noch kein funktionierendes Finanzmanagement. Kennzeichen:

---

[4] Vgl. auch Kapitel C des englischen PMS-Systems sowie die Kapitel 4 (Ressourcen) und 9 (Geschäftsergebnisse)des European Quality Awards. Dazu: Zink, a.a.O., S. 149 ff. und 211 ff.

- Ungeordnete Buchhaltung, die teilweise von den Anwälten selbst oder Familienangehörigen durch unsauberes „Sammeln" von Belegen durchgeführt wird. Soweit Steuerberater beauftragt werden, müssen sich diese durch einen „Beleg-Dschungel" kämpfen;
- Entnahmen erfolgen ungeordnet, bzw. nach zufällig vorhandener Liquiditätslage;
- Es werden gar nicht oder nur in Ansätzen oder unregelmäßig die finanziellen Grunddaten (Offene-Posten-Liste, Einnahmen-Überschuß-Daten, Rechnungssummen-Liste) – teilweise ohne EDV – erfaßt;
- Finanzkonten (eigene Konten) werden nur sporadisch kontrolliert, die Liquidität der Kanzlei ist nicht gesichert;
- Fremdgelder werden teilweise auf Finanzkonten der Kanzlei (statt auf Sachkonten) „verwaltet" und als „Liquiditätsstützen" mißbraucht[5].

Phase 2: Die Kanzlei hat bereits die Basis eines Finanzmanagements. Kennzeichen:

- Geordnete Finanzbuchhaltung, die intern oder extern erledigt wird;
- Finanzplanung (Kosten- und Umsatzplanung) im Sinne einer Prognoseplanung für das laufende Geschäftsjahr;
- Soll-Ist-Vergleich der Plandaten mit den tatsächlichen Zahlen, in Ansätzen Änderungen verbesserungsfähiger Kosten- oder Umsatzpositionen, aber noch kein effektives Gesamtkonzept;
- Monatliche Kontrolle der Finanzkennzahlen durch OP-Liste, EÜ-Liste und RS-Liste;
- Effektive wöchentliche Liquiditätskontrolle der Konten.

---

5 Nach § 43 a Abs. 5 S. 2 BRAO sind fremde Gelder unverzüglich an den Empfangsberechtigten weiterzuleiten oder auf ein Anderkonto einzuzahlen. Vgl. hierzu: Feuerich/Braun, BRAO-Komm., 3. Aufl. 1995, § 43a, Rz. 42 ff.

Phase 3: TQM-Finanzmanagement. Kennzeichen:

- Feste Zuständigkeiten innerhalb der Kanzlei: Umfassende und laufende (wöchentliche) Finanzkontrolle durch mindestens einen hauptverantwortlichen Anwalt und/oder Controller (z. B. angestellter Bilanz-Buchhalter);
- EDV-Einsatz: Komplette Finanzplanung durch EDV (Tabellenkalkulation, graphische Darstellung in Säulendiagrammen);
- Finanzplanung und -kontrolle (Umsätze und Kosten): Jahres-, Quartals- und Monatsplanung und -kontrolle;
- Budgetierung: d. h., es werden feste Beträge für einen bestimmten Zeitraum einem bestimmten Sachbereich (EDV, Bibliothek usw.) zugeordnet und von jeweils als zuständig bestimmtem Anwalt oder Mitarbeiter autonom und verantwortlich eingesetzt;
- Feste Rücklage in angemessenem Verhältnis zu den monatlichen Betriebsausgaben;
- Deckungsbeitragsrechnungen (Prozeßkostenanalyse): nach Sachgebieten, Kanzleistandorten usw. getrennte Deckungsbeiträge werden ermittelt, analysiert und entsprechend durch Kanzleiführung reagiert (z. B. durch Änderung des Produktportfolios).

Anhand dieser „Checkliste" können Sie sicherlich bestimmen, ob ein eher gutes oder ein eher noch verbesserungsbedürftiges Finanzmanagement in Ihrer Kanzlei existiert. Hierbei geht es um das „Instrument" Finanzmanagement, noch nicht um die guten oder schlechten Geschäftsergebnisse.

Warum aber soll auch hier wieder so ein „Aufwand" betrieben werden? „Wozu bezahlt die Kanzlei einen teuren Steuerberater?" werden Sie vielleicht fragen. Nun, der Steuerberater kümmert sich primär um den Jahresabschluß und die für den vergangenen Zeitraum zu zahlenden Steuern. Dabei werden die Anwälte als Freiberufler von den Steuerberatern nicht unbedingt als erste Wahl ihrer Klientel angesehen und die Aufgaben oftmals durch einfache Steuerfachgehilfen erledigt. Davon abgesehen, daß ein Steuerberater meist kein Finanzmanager für die zukünftige Entwicklung und Sicherung der Kanzlei ist, erschiene es befremdlich, eine so wichtige Frage wie das finanzielle Überleben in die Hände eines Steuerfachgehilfen zu legen.

Soweit in einer Kanzlei ein Umgang mit den finanziellen Ressourcen stattfindet, kann diesem entweder eine von den übrigen Funktionen losgelöste und rein unterstützende oder aber eine integrierte und steuernde Funktion zugemessen werden. In den meisten Kanzleien wird es sich um eine eher unterstützende finanzielle Ressourcenverwaltung handeln. Die Bedeutung des eingesetzten Kapitals hat eine den Kanzleibetrieb ermöglichende Funktion. Gute finanzielle Ergebnisse werden erwünscht, aber nicht erzielt, im Sinne von gesteuert. Auf nicht erreichte „Planzahlen" sollte koordiniert reagiert, Investitionen strategisch[6] geplant werden; oftmals folgen die Zahlen jedoch nur als Ist-Werte dem gegenwärtigen Bedarf (ein defekter Computerbildschirm wird ersetzt).

Das eigentliche Finanzmanagement beginnt dort, wo realistische Umsatz- und Kostenziele gesetzt werden (Soll-Werte), und wo tatsächliche Abweichungen von den Ist-Werten konkrete und vorher festgelegte Reaktionen der Kanzleiführung zur Folge haben (ein Rechtsgebiet wird nicht mehr als Produkt angeboten, da es Verluste bringt, ein neuer Anwalt wird in die Sozietät aufgenommen, da Umsatzsteigerungen zu erwarten sind usw.). Ein solches Finanzmanagement hat den in der Praxis verblüffenden Effekt, das allein die Zielsetzung regelmäßig zu beträchtlichen Umsatzsteigerungen und Kostensenkungen

---

[6] S. o.: Kapitel 1, S. 34.

führt. Dies beruht wie bei allen strategischen Maßnahmen ganz einfach darauf, daß erst das Voraugenhalten eines Zieles die notwendige Motivation freisetzt.

Die Implementierung eines geordneten Finanzkennzahlensystems bedeutet keinesfalls einen großen Aufwand, wenn sich die jeweilige Kanzleiführung nur mit den heutigen EDV-Möglichkeiten auseinandersetzt. Die hierfür eingesetzte Zeit amortisiert sich sehr schnell, denn durch eine dergestalt hergestellte Ordnung werden große Kapazitäten frei. Einmal eingerichtet, sind die Dateien mit relativ geringem Aufwand zu pflegen.

Als ersten Schritt können Sie mit einem Tabellenkalkulationsprogramm die wichtigsten Zahlenübersichten als Dateien erstellen. Eine Beispieldatei einer fiktiven Kanzlei, bestehend aus 2 Rechtsanwälten als Partnern sowie 2 angestellten Anwälten, ist als Anlage 8 dargestellt. Hierbei handelt es sich um ein Kosten-Quartals-Controlling. D.h., die auf das laufende Quartal für die einzelnen Kosten-Positionen veranschlagten Planzahlen werden mit den eingetretenen Ist-Zahlen absolut und in Prozent sowie in der Summe verglichen. In die Übersicht ist in Spalte 2 zudem noch der Planbetrag (Kosten) des Jahres sowie in den unteren Zeilen die Plan- und Ist-Zahlen des Umsatzes (Einnahmen) aufgenommen worden. Hieraus ergibt sich der Nettogewinn vor Steuern (netto, da ohne Umsatzsteuer). Wichtig ist, daß Grundlage solcher Analysen eine geordnete Buchhaltung ist. Denn nur dann können – mit Hilfe der in der EDV bereits erfaßten Buchhaltungsdaten – die Ist-Werte leicht und ohne erheblichen Zeitaufwand in die vorgenannten Dateien transferiert werden[7].

---

7 So auch Garke, Buchhaltung, Steuern und Controlling im Anwaltsbüro, in: DAV (Hrsg.), Die moderne Anwaltskanzlei, 1994, S. 412 ff.

Wird auf diese Weise erst einmal ein Kostenplan für das laufende Geschäftsjahr erstellt, ist der Weg zur Budgetierung nicht mehr weit. Diese fügt sich nahtlos in das System der Aufgaben- und Stellenverteilung ein. Personen werden damit nicht nur sachliche, sondern auch finanzielle Kompetenzen eingeräumt. Die für den einzelnen nicht mehr zu bewältigende Anzahl von Ausgaben und deren Kontrolle in Kanzleien ab einer bestimmten Größe wird auf mehrere Schultern verteilt. Der Budget-Verwalter hat den „Durchblick" und aufgrund seiner ständigen Beschäftigung mit der Materie die Kostenkontrolle. Er wird nur an dem mit ihm von der Kanzleiführung vereinbarten Ergebnis gemessen.

Eine echtes Management kann die Kanzlei durch eine Rentabilitätsrechnung erreichen, bei der die eingesetzten Ressourcen mit dem Ergebnis verglichen werden[8]. Hierfür müssen die entscheidenden Faktoren bestimmt werden. Bei den eingesetzten Ressourcen unterscheidet man zwischen fixen und variablen Faktoren (d. h.: Kosten). Die meisten Ressourcen sind fix, zum Beispiel das Gehalt einer Sekretärin. Fix bedeutet, daß dieser Kostenfaktor unabhängig von einem bestimmten Mandat anfällt. Aber auch materielle Ressourcen, wie Büromaterial, sind ein relativ stabiler Kostenfaktor. Gleiches gilt für die Miete der Kanzleiräume. Als entscheidender variabler Faktor auf der Ressourcenseite ist ganz eindeutig die vom Anwalt eingesetzte Zeit zu bestimmen. Denn die vom Anwalt aufgewendete Zeit ergibt sich aus dem Arbeitsbedarf eines konkreten Mandats. Die Zeit des Anwalts ist als Ressource begrenzt und von ihm so effektiv wie möglich einzusetzen.

Diese eingesetzte Zeit kann in Relation zu den bearbeiteten Mandaten gesetzt werden. Rechnet der Anwalt stets auf der

---

[8] Zur Deckungsbeitragsrechnung einer Anwaltskanzlei vgl. auch Mauer/Krämer, Marketingstrategien für Rechtsanwälte, 1996, S. 128 ff.

Grundlage eines Zeithonorars, z. B. 400 DM netto je Arbeitsstunde, ab und ist dieses Honorar für alle Aufträge gleich hoch, dann erübrigt sich diese Art der Rechnung. In allen anderen Fällen, also bei verschieden hohen Stundensätzen oder (teilweise) Abrechnung nach der BRAGO, sind die einzelnen Mandate jedoch unterschiedlich lukrativ. Entscheidendes Parameter ist dabei nicht der BRAGO-Streitwert, sondern der Umsatz pro Stunde. Bei BRAGO-Mandaten läßt sich dieser als kalkulatorischer Stundensatz berechnen. Die Ermittlung eines kalkulatorischen Stundensatzes geschieht wie folgt: Der durchschnittliche Monats-Sollumsatz der Kanzlei (eines Dezernates, des einzelnen Anwalts) wird durch die Anzahl der Soll-Arbeitsstunden der Anwälte und der juristischen Mitarbeiter geteilt (Bezug: Kanzlei, Dezernat oder einzelner Anwalt), wobei jedoch nur die auf die Aktenbearbeitung tatsächlich verwendeten Stunden mitgerechnet werden dürfen. Hieraus ergibt sich dann der durchschnittliche Soll-Umsatz pro Arbeitsstunde eines Anwalts/juristischen Mitarbeiters.

Auf dieser Grundlage ist dann bei Mandatsannahme abzuschätzen, welcher Zeitaufwand für die Erledigung des Auftrages erforderlich sein wird und ob demgemäß eine Abrechnung nach der BRAGO gewinnbringend, zumindest aber kostendeckend ist oder es hierzu des Abschlusses einer Honorarvereinbarung bedarf. Dabei kann es sich im Einzelfall durchaus empfehlen, die Kalkulation in groben Zügen gegenüber dem Mandanten offenzulegen, damit dieser nachvollziehen kann, daß eine Vergütung auf Grundlage der gesetzlichen Gebühren nicht kostendeckend wäre und somit letztlich auch die Gefahr mit sich bringen könnte, daß die Bearbeitung der Sache nicht mit dem eigentlich gebotenen Zeitaufwand erfolgt. Um dem Mandanten vor Augen zu führen, welche – für ihn oft gar nicht erkennbare – Vielfalt von Tätigkeiten für eine sachgerechte Erledigung erforderlich ist, kann es zudem mitunter zweckmäßig sein, die durch ein Pauschalhonorar mit abgegoltenen Einzeltätigkeiten beispielhaft in einer Honorarvereinbarung aufzulisten. Als Beispiel ist die Formulierung zu nennen:

„Für die Durchführung des behördlichen Rechtsmittelverfahrens gegen den Bescheid des ... -Amtes vom ..., insbesondere
- Einlegung des Widerspruchs;
- Stellung eines Antrags auf Aussetzung der Vollziehung durch die Behörde;
- Beantragung einer Akteneinsicht;
- Wahrnehmung der Akteneinsicht;
- Auswertung der einzelnen Aktenstücke auf rechtliche Erheblichkeit;
- hierzu erforderliche Prüfung der Rechtslage;
- Vornahme der insoweit notwendigen Rechtsprechungs- und Literaturrecherchen;
- Abfassung des Entwurfs einer Begründung des Widerspruchs;
- Abfassung des Entwurfs einer Begründung des Antrags auf Aussetzung der Vollziehung;
- Abstimmung dieser Schriftsatzentwürfe mit dem Mandanten;
- Teilnahme an einer eventuellen Widerspruchsverhandlung;
- Fertigung eventueller weiterhin erforderlicher Schriftsätze; wird ein Pauschalhonorar in Höhe von ... DM zuzüglich der gesetzlichen Mehrwertsteuer vereinbart."

Eine solche, den Umfang der erforderlichen anwaltlichen Tätigkeit zumindest ansatzweise verdeutlichende Auflistung wird häufig langwierige Diskussionen um die Höhe der Vergütung entbehrlich machen und dem Mandanten verdeutlichen, daß der Honorarvorschlag des Anwalts durchaus angemessen ist.

Da ein ausgewogenes Verhältnis zwischen Leistung und Gegenleistung regelmäßig Voraussetzung für eine für beide Seiten zufriedenstellende Zusammenarbeit ist, wird es zudem bei Aufträgen, bei denen der erforderliche Arbeits- und damit Zeitaufwand bei Mandatserteilung nicht einmal ansatzweise abschätzbar ist, häufig sinnvoll sein, anstelle eines Pauschalhonoras ein Zeithonorar zu vereinbaren.

Beispiel 8: RA Peter betreibt gemeinsam mit dem angestellten Anwalt Paul eine Allgemeinkanzlei. Erfahrungsgemäß arbeiten Peter und Paul an 5 Tagen in der Woche je 11 Stunden am Tag. Dabei kommen sie auf einen Anteil an direkt auf eine Akte zurechenbare Zeit („billable hours") von 50 %[9]. Zusammen erreichen sie – als Kanzlei – damit 55 billable hours pro Woche (nämlich 27,5 h pro Anwalt), im Monat also 55 h x 4,3 Wochen = 236,5 billable hours/mtl. Wenn Sie pro Monat gemeinsam einen Soll-Umsatz von 60.000,– DM netto erwirtschaften wollen, folgt hieraus einen Soll-Umsatz pro billable hour in Höhe von 253,70 DM netto.

Die Mandate können dabei nach Rechtsgebieten sowie weiteren Spezifizierungskriterien organisiert werden. Um eine solche Selektion und Zeitumrechnung zu ermöglichen, ist die Anlage der Akten in der EDV mit der Möglichkeit der Selektion nach Sachgebieten und/oder Mandanten zweckmäßig. Zu jeder Akte ist die darauf von einem Anwalt oder sonstigen juristischen Mitarbeiter (Umsatzträger) verwendete Zeit

---

[9] Ein statistisch nicht abgesicherter, aber jedem Anwalt zur eigenen Überprüfung dringend anempfohlener Wert. Der Rest geht zu lasten von allgemeiner Verwaltungstätigkeit, Personalbesprechungen, Pausen sowie mandatsbezogene, aber nicht dem Mandanten zurechenbare Zeiten (z. B. unzumutbar lange Recherchezeiten o.ä.). Vgl. hierzu bereits: Franzen/Apel, Prozeßaufwand bei Gericht und Anwalt, NJW 1988, S. 1059 (1066).

auf ein Zeitkonto dieser Akte zu buchen. Anwalts-EDV-Programme ermöglichen dies problemlos, es kann jedoch auch zu manuellen Hilfsmitteln wie einem Stundenerfassungsbogen in der Akte gegriffen werden. Praktisch sind insbesondere Tageserfassungsbögen, die (pro Tag 1 Erfassungsbogen) auf dem Schreibtisch des Anwalts liegen und in die er alle zurechenbaren Zeiten einträgt, mit anschließender EDV-Eingabe, z. B. durch die Sekretärin. Dabei ergibt sich am Ende jedes Mandats, ob der Soll-Umsatz, gemessen an der eingesetzten Arbeitszeit erwirtschaftet wurde. Je größer die Anzahl von Mandaten mit dem gleichen Selektionskriterium ist (z. B. Verkehrsunfall-OWi-Sache oder Reisevertragsrecht), desto genauer wird die Rentabilitätsrechnung. Auf dieser Grundlage kann dann ein Vergleich der verschiedenen Rechtsgebiete angestellt werden und gegebenenfalls nicht lukrative Rechtsgebiete selektiert werden.

Auf diese Weise erhält die Kanzlei eine Rentabilitätskontrolle in vielfacher Hinsicht. Aber auch die Streit- bzw. Gegenstandswerte können für die Rentabilitätsrechnung nutzbar gemacht werden[10]. Werden übrigens auch die Zeiten der Sekretärin und Referendare etc. sowie die sonstigen Kosten (Papier, Telefon, Porto, Miete usw.) zumindest pauschal mit einem Betrag zur Akte erfaßt, dann erhalten Sie den Deckungsbeitrag, den das konkrete Mandat bringt. Rechtsgebiete und Subsachgebiete können auf der Angebotsseite der Kanzlei selektiert oder erweitert werden. Verknüpft die Kanzlei dies mit einer effektiven Beobachtung des Rechtsberatungsmarktes und seiner Entwicklungen, dann nähert sie sich einem effektiven TQM im Hinblick auf die Geschäftsergebnisse an.

Die **Geschäftsergebnisse** selbst sind gemessen an den Einschätzungen „gutes Ergebnis" oder „schlechtes Ergebnis"

---

10 Vgl. Franzen/Apel, a.a.O.

natürlich zunächst einmal relativ. Die einen Anwälte sind in ihrer Kanzlei mit einem Gewinn pro Sozius vor Steuern mit 100.000 DM zufrieden, andere erst mit dem dreifachen oder mehr. Die Geschäftsergebnisse sind gewiß dann objektiv schlecht, wenn die Kosten nicht gedeckt werden, denn dann ist der Ertrag für die Sozien („Gewinn") negativ. Ein positiver Ertrag, also ein echter Gewinn, sollte und wird von allen Anwälten angestrebt. Dieser sollte jedoch im voraus auch der Höhe nach als Gewinnziel definiert werden. Dabei gewinnen zwei Bezugsgrößen Bedeutung: Umsatz und Kosten. Der Gewinn ist das Ergebnis der Gleichung:

Umsatz – Kosten = Gewinn

oder als Faktor-Gleichung:

Umsatz x (1 – Kostenquote) = Gewinn.

Dabei ist die Kostenquote der langfristig ermittelte oder hilfsweise geschätzte Anteil der Kosten (in % als Dezimalzahl ausgedrückt, z. B. 50 % = 0,5), bezogen auf den Umsatz (alle Werte ohne Umsatzsteuer). Wenn die Kostenquote der Kanzlei bekannt ist, z. B. 45 %, dann läßt sich bei einem angestrebten Gewinn von beispielsweise 500.000 DM aus der abgeleiteten Gleichung der Sollumsatz errechnen:

Die Gleichung lautet dann nämlich:

$$\frac{\text{Gewinn}}{(1 - \text{Kostenquote})} = \text{Umsatz.}$$

Das bedeutet bei den obigen Beispielszahlen:

$$\frac{500.000 \text{ DM}}{(1-0{,}45)} = \frac{500.000 \text{ DM}}{0{,}55} = 909.090 \text{ DM}$$

Somit kann der Soll-Umsatz der Kanzlei errechnet werden. Kontrollrechnung: bei einem tatsächlichen Umsatz von 909.090 DM pro Jahr und einer Kostenquote von 45 % ergibt sich ein absoluter Kostenbetrag von: 909.090 DM x 0.45 = 409.090 DM. Nach der Formel: Umsatz – Kosten = Gewinn bedeutet dies das korrekte Ergebnis, denn: 909.090 DM – 409.090 DM = 500.000 DM (Gewinn).

Will die Kanzlei ermitteln, ob sie im Vergleich zu anderen Kanzlei umsatz- oder kostenbezogen eher gut oder eher schlecht ist, so läßt sich dieses „benchmarking" leicht durch einen Vergleich mit publizierten Erhebungswerten anstellen. Verwiesen sei an dieser Stelle nur auf die laufenden Publikationen von statistischem Material aus den BRAK-Mitteilungen[11].

Schließlich ist auch die Frage, nach welchen Parametern der Betriebsgewinn unter den Sozien verteilt wird, im Rahmen von TQM relevant. Soweit TQM als umfassendes Optimierungssystem auch auf die Verbesserung der Kommunikation und Atmosphäre unter den Partnern zielt, liegt dies auf der Hand. Indessen können sich die Verteilungsmodalitäten darüberhinaus zumindest mittelbar auf die Qualität der anwaltlichen Dienstleistung auswirken. Dies sei an zwei konträren Beispielen verdeutlicht: Wird der Betriebsgewinn etwa allein nach starren, beispielsweise von der Anciennität abhängigen Quoten verteilt[12], so kann dies – insbesondere bei großen Zusammenschlüssen – im Einzelfall ein Erlahmen des Engagements einzelner Mitglieder begünstigen, wirkt sich die Höhe des von ihnen selbst erwirtschafteten Umsatzes doch kaum spürbar auf ihren Gewinnanteil aus. Zudem kann sich das mit der Aufnahme neuer Partner zwangsläufig verbundene Fallen der Quoten der älteren Partner als psychologisches Hindernis

---

11 Z.B. die kontinuierliche STAR-Erhebung. Zuletzt in BRAK-Mitt. 2/1996, S. 50 ff. und in 4/96 S. 136 ff. Vgl. auch Winters, Der Rechtsanwaltsmarkt, 1989, sowie Mauer/Krämer, Marketingstrategien für Rechtsanwälte, 1996, Rz. 119 ff.

12 Vgl. etwa das Muster von Marsch-Barner im Münchener Vertragshandbuch, Band 1, Gesellschaftsrecht, 1996, S. 47 f.

auswirken.[13] Bestimmt dagegen in erheblichem Umfang der Einzelumsatz des betreffenden Anwalts dessen Gewinnanteil, so mag dies zwar die Einsatzbereitschaft des Betreffenden stimulieren, kann indessen auch Entwicklungen begünstigen, die zum Gesamtinteresse der Sozietät in Widerspruch stehen. So ist etwa vorstellbar, daß durch eine entsprechende Regelung einzelne Anwälte dazu verleitet werden, bestimmte Mandate allein wegen ihrer Umsatzträchtigkeit an sich zu ziehen, obwohl andere Mitglieder der Kanzlei die betreffenden Fälle auf qualitativ wesentlich besserem Niveau bearbeiten könnten. Zudem kann ein entsprechender Verteilungsmodus dazu führen, daß der Erhöhung des Einzelumsatzes Vorrang eingeräumt wird gegenüber anderen Aktivitäten, die – wie etwa das Verfassen von wissenschaftlichen Beiträgen oder Vortragstätigkeiten – zu einer Erhöhung des Renommees der Sozietät führen und deren Marktchancen erheblich verbessern könnten. Schließlich kommen Modelle in Betracht, bei denen sowohl die Dauer der Sozietätszugehörigkeit als auch Faktoren wie der Einzelumsatz, die erfolgreiche Akquirierung von Mandaten und besondere Leistungen auf anderen Gebieten auf die Verteilung Einfluß haben. Insoweit ist etwa das Oppenhoffsche Punktesystem zu nennen[14], das um weitere persönliche und sachliche Kriterien ergänzt werden kann.[15] Auch wenn es insoweit kein Patentrezept gibt, sollte die Frage der Ausgestaltung der Verteilungsmodalitäten insbesondere im Hinblick auf ihre Auswirkungen auf die Qualität der anwaltlichen Dienstleistung und die Firmenphilosophie sowie das äußere Erscheinungsbild der Sozietät zum Gegenstand des TQM gemacht werden.

Auch die anderen Ressourcen sind sinnvoll von der Kanzleiführung einzusetzen. Es geht hierbei vor allem um den

---

13 Oppenhoff, AnwBl. 1977, S. 357, 360.
14 Oppenhoff, AnwBl. 1977, S. 192 f.
15 Vgl. Zilles, AnwBl. 1992, 179, 180 f.

Umgang mit allgemeinen **Informationen** [16] (Erneuerung des juristischen Wissens, Datenbanken usw.) und Technologien[17], aber auch mit kanzleieigenen Dateien (Schriftsatzmustern etc.). Hierunter fällt die Optimierung von Ressourcen bei Arbeitsabläufen, insofern gibt es Überschneidungen zum nachfolgenden Kapitel. Der richtige budgetmäßige Einsatz der Zeit der **Mitarbeiter** ist aber natürlich auch eine effektive Ressourcenplanung, selbst wenn damit im Endeffekt auch Personalbedarf reduziert wird. Aus Sicht der Kanzlei ist dies also eine Rationalisierung.

Auch die moderne Büroeinrichtung erleichtert viele Arbeitsschritte oder läßt sie sogar entfallen. Der Einsatz von eingekauften oder selbst erstellten Textbausteinen oder Zwangsvollstreckungsprogrammen etc. mit Hilfe von Computern ist heute bereits Alltag. Wie weit eine Kanzlei hiervon Gebrauch macht, ist eine Entscheidung der Kanzleiführung. Der Nutzen dieser Entscheidungen muß sich an den Kanzleizielen, jedenfalls jedoch am Nutzen des Mandanten messen lassen.

Die Ressource „**Anwälte**" einschließlich deren Kreativität, Erfahrungsschatz und anderer Fähigkeiten ist für das Unternehmen Anwaltsbüro ebenso wichtig. Dahinter steckt die nicht zu reglementierende kreative individuelle Leistungsfähigket.

Behandeln müssen wir, wie wir die Leistungsfähigkeit etc. erhalten. „Jung und dynamisch" gegen „Alt und erfahren" sind verbreitete Bilder, die zeigen, wie etwa die Dynamik mit dem Alter nachläßt. Auch das Erstaunen, „wie kreativ der alte Hund noch ist", spricht aus, daß üblicherweise mit dem Alter jene Fähigkeiten nachlassen, die die Jugend auszeichnen

---

[16] Abel, Informationsbeschaffung, in: DAV (Hrsg.), Die moderne Anwaltskanzlei, 1994, S. 331 ff.
[17] Ullrich, Aufbau und Einrichtung einer Anwaltskanzlei, in: DAV (Hrsg.), Die moderne Anwaltskanzlei, 1994, S. 43 ff.

sollten. Zugleich beobachten wir Kollegen uind Kolleginnen, die unter dem Streß des Berufsalltags, aber auch unter privaten Lasten abbauen und ausbrennen. „Sie hat sich für ihren Beruf aufgerieben". Das unternehmerische Ziel muß es sein, die Leistungsfähigkeit der Unternehmer zu erhalten.

Was immer Kreativität und Leistungsfähigkeit einschränken, muß vermieden werden. Dies betrifft die seelische wie die körperliche Belastbarkeit. Es gibt nicht nur eine Übermüdung im Straßenverkehr sondern auch im Büro. Berufliche belastende Zwänge gibt es z. B. für Anwälte, die im Familienrecht tätig sind, wenn sie die Verteilung der Armut erleben, wenn es um die Kinder geht, wenn sie die seelische Verfassung der Mandanten erleben. Am Anfang heißt es Helfer-Syndrom, am Ende nennt man es „Burn-out"-Synrom.

Die Angst vor weniger Umsatz und Einkommen verführt dazu, alles anzunehmen; dies führt zu Überarbeitung. Ängste und Zwänge in einer Sozietät wie Umsatzneid, aber auch der Ablauf von Sozietätsbesprechungen können einzelne Sozien so bedrücken, daß sie ihre Leistungsfähigkeit verlieren. Es gilt also das Thema Umsatz des einzelnen so aufzugreifen, Sozienbesprechungen so zu organisieren, überhaupt den Umgang miteinander so zu ändern, daß der Druck geringer wird. Ein gemeinsames Wochenende evtl. mit einem qualifizierten Berater bietet oft heilsame Denkanstöße und kann das Klima grundlegend verbessern.

Ein Irrtum ist es auch anzunehmen, man könne sich dem Helfer-Syndrom einfach entziehen dadurch, daß man den Mandanten und seine Probleme rein sachlich behandele und „nicht an sich rankommen" lasse. Die Probleme kommen durch jenes dicke Fell, das man sich zugelegt hat, mit einem enormen Tempo, ohne daß man es merkt. Wie Dracula saugt die Belastung die Nerven des Anwalts aus.

Deshalb gehört es zu professionellen Management eines Anwaltsbüros, daß mit hausgemachten Belastungen umzugehen gelernt und dieser Umgang organisiert wird. Den Umgang mit mandantenbezogenen Belastungen muß jeder lernen. Die Belastungen und ihre Wirkungen zur Kenntnis zu nehmen, gehört zu den Grundfertigkeiten. Sich selbst die Ängste einzugestehen, die mit dem Beruf verbunden sind, gebietet der Selbsterhaltungstrieb. Mit ihnen umzugehen zu lernen und auch von Erfahrungen qualifizierter Dritter zu profitieren, kann entscheidend sein, wenn es um die Erhaltung der Leistungsfähigkeit geht. Als Mindestziel gehört dazu auch, für regelmäßige Urlaube der Anwälte zu sorgen. Körperliche Fitness zu erhalten, ist in jedem Unternehmen geboten, um die Leistungsfähigkeit auch der Führungsebene zu erhalten. Für das Anwaltsbüro gilt nichts anderes.

In diesem Zusammenhang ist auch das Phänomen anzusprechen, daß mit zunehmendem Alter die Bereitschaft sinkt, Neuerungen zur Kenntnis zu nehmen. Das Ansteigen von Routine und Erfahrungsschatz geht oft mit zunehmender Abwehr von Neuerungen einher. Die Neigung, Neuerungen abzuwehren, ist ein deutliches Signal dafür, wie Kreativität erschlafft und Leistungsfähigkeit sinkt.

Auch hier stellt sich die Frage der Qualitätssicherung in einer Sozietät. Wie vermeide ich, daß ein Partner das gewünschte Niveau nicht mehr einhält? Die ketzerische – aber naheliegende Antwort – lautet: durch Kontrolle. Sie enthält Aspekte von Mißtrauen. Wer die in jedem anderen Beruf gebotene Kontrolle zur Qualitätssicherung nur für den Ausdruck von Mißtrauen hält, muß Kontrolle und Beckmesserei auseinanderhalten. Jeder erwischt sich dabei, daß er nach einem Schreiben feststellt, daß es nicht dem gewünschten Niveau entspricht. Eine Gegenmaßnahme besteht in der Organisation von Tageskopien, bei welcher die Kollegen sich verpflichten, Schriftgut der Kanzlei (insgesamt oder nach Selektion) gegenzulesen. Dies kann auch dem mit der Qualitätssicherung beauftragten Kollegen übertragen werden, der weiß, daß er im nächsten Jahr von jemanden kontrolliert wird, den er jetzt kontrolliert. Es wird sich dann so verhalten, daß Hilfe und Qualitätssicherung und nicht Beckmesserei deutlich werden. Das Ergebnis ist wechselseitige Hilfe zur Qualitätssicherung. Bei dieser Gelegenheit werden auch jene Anzeichen erkannt, die – wenn sie nicht erkannt werden – zum Leistungsabfall führen.

Was setzt TQM diesbezüglich voraus?

Im Hinblick auf ein Management der finanziellen Ressourcen setzt ein erfolgreiches TQM, gemessen hier an den Maßstäben des englischen PMS Systems (Kapitel C: Financial Management) alle vorgenannten Aspekte voraus. Wichtig und ausreichend ist jedoch für eine Anwendung dieses Leitfadens, daß die einzelnen Aspekte jedenfalls schrittweise aufgegriffen und genutzt werden.

Wichtig: Niemand wird über TQM gezwungen, von der BRAGO durch Honorarabreden abzuweichen oder gar, um jeden Preis – im wahrsten Sinne des Wortes – mehr Gewinn oder Umsatz hinterherzujagen. Die dargestellten Rentabilitätsrechnungen sind vielmehr auch zur Vermehrung von Freizeit des einzelnen Anwalts sinnvoll einsetzbar; dabei sollte sowohl die abrechenbare Arbeitszeit, wie auch die nicht abrechenbare Zeit so weit wie möglich effektiviert werden. Wenn dem einzelnen erst einmal vor Augen geführt ist, daß er einen Fall „umsonst" bearbeitet, dann überlegt er sich vielleicht, die Zeit doch lieber mit der eigenen Familie oder auf andere Weise zu verbringen.

Daß dies wiederum positive Auswirkungen auf die eigene Arbeitsmotivation und Kreativität des Anwaltes hat, sei nur am Rande erwähnt.

Was setzt ISO 9000 voraus?

In der Norm 4.1.2.2 verlangt ISO 9001, daß der Lieferant die erforderlichen Mittel feststellen und bereitstellen muß. Dazu gehört auch geschultes Personal für leitende, ausführende und prüfende Tätigkeiten. Dies bezieht sich allerdings nicht auf die Organisation und Beschaffung von Ressourcen für die ganze Kanzlei, es geht ausschließlich um das Qualitätssicherungssystem: Hierfür sind die genannten Mittel (Geld und Personal) bereitzustellen.

Was die Kanzlei tun muß, um Ressourcen sinnvoll einzusetzen und positive Geschäftsergebnisse zu erzielen?

1. Festlegung von Verantwortung für bestimmte Ressourcen (Finanzen usw.) zu bestimmten Personen durch die Kanzleiführung.
2. Einrichtung eines EDV-gestützten Kennzahlensystems der finanziellen Ressourcen. Dieses sollte nachfolgende Kennzahlen umfassen:
   - Kostenplanung und Kostenkontrolle für Jahr, Quartal und Monat;
   - Umsatzplan und Umsatzkontrolle für Jahr, Quartal und Monat;
   - Offene-Posten-Liste, wöchentliche Kontrolle;
   - Rechnungssummen-Liste, wöchentliche Kontrolle;
   - Liquiditätsplan, wöchentliche Kontrolle;

3. Einrichtung einer Deckungsbeitragskontrolle für alle laufenden Akten, selektiert nach den Kriterien: Rechtsgebiet und Anwalt (bzw. Dezernat).
4. Analyse und Anpassung des erzielten Gewinns. Hinzu kommt – fakultativ – auch die Budgetierung von Anwaltszeiten (Kapazitätsplanung). Die bewußte und kontinuierliche Auseinandersetzung mit dem Problem der Zeit führt regelmäßig bereits zu einer Streßreduzierung.

Kapitel 5: Arbeitsabläufe

Arbeitsabläufe oder auch Arbeitsprozesse bilden den Gegenstand dieses Kapitels. Sie existieren in vielfältiger Form. Auch die bereits in den vorigen Kapiteln behandelten Themen (Bildung von Kanzleizielen und Strategien, Führung, Mitarbeiter und Ressourcen) können als Arbeitsprozesse im weiteren Sinne aufgefaßt werden. Zu betonen ist dabei, daß es weder ein einheitliches, noch ein ideales Schema der Organisation von Arbeitsabläufen gibt. Vor Übernahme vorhandener Handbücher kann nur gewarnt werden; sie sollten allenfalls als Checklisten dienen. Die jeweils idealen Abläufe ergeben sich aus der gewachsenen Struktur der einzelnen Kanzlei und sind dementsprechend im nachfolgenden Kapitel mit zu berücksichtigen.

Hier geht es nun um einzelne Arbeitsabläufe, die den täglichen Kanzleibetrieb für den Anwalt und die nicht juristischen Mitarbeiter bestimmen, Abläufe, an die man sofort denkt, wenn es um die „eigentliche" Arbeit in der Kanzlei geht, also insbesondere:

- Annahme und Ablehnung von Mandaten
- Haftungsbeschränkung
- Vereinbarung von Besprechungsterminen und Konferenzen
- Aktenanlage und Stammdatenerfassung (EDV)
- Durchführung von Mandatsbesprechungen
- Fristenkontrolle und Kalenderführung
- Vorbereitung und Wahrnehmung von Gerichtsterminen
- Posteingang, Postausgang, Faxein- und -ausgang
- Postbesprechung oder – umlauf
- Korrespondenz mit Mandanten, Gegnern, Rechtschutzversicherungen, Behörden

- Telefonate mit Mandanten, Gegnern, Anwälten usw.
- Abschluß von Honorarabreden, Aktenabrechnung
- Vollstreckungswesen
- Buchhaltung und Steuern
- Beschaffung von Büromaterial.

All diese und viele andere einzelne Arbeitsabläufe sind so zu organisieren, daß sie funktionieren. Die meisten Arbeitsabläufe funktionieren in den meisten Kanzleien schon irgendwie. Mit Sicherheit gibt es jedoch in jeder Kanzlei mehr oder weniger erhebliche Verbesserungspotentiale. Bei der Auseinandersetzung mit der Aufgabenstellung des TQM sollen jedoch nicht nur die Aufgaben um ihrer selbst willen „glatt laufen" oder beschrieben werden, sondern **insgesamt** an den Vorgaben des Staates (in Form der Berufsrechtsordnung), den Anliegen der Mitarbeiter und natürlich auch den in der Kanzlei tätigen Anwälten, vor allem aber an den wahren Interessen der Mandanten ausgerichtet werden. Durch das Schaffen einer verbesserten Organisation schaffen die Anwälte eine Entlastung für sich selbst – in zeitlicher und nervlicher Hinsicht eine für einzelne dringend notwendige Maßnahme[1].

Angestrebt werden soll also vor allen Dingen eine Ausrichtung an den wahren Interessen des Mandanten. Diese haben ein – oftmals unausgesprochenes – Bedürfnis nach Kommunikation, Information über den Sachstand ihrer Angelegenheit und Einsatz des Anwalts für sie, Bedürfnisse, die bei einer aus Sicht des Mandanten mangelhaften Erfüllung zu – nachvollziehbarer – Unzufriedenheit führen[2]. Weiterhin sollen auch die Bedürfnisse der Mitarbeiter, angefangen von den Anwälten selbst bis hin zu den nicht juristischen Mitarbeitern, in die

---

[1] Depre, Tagesablauf und Organisationsmittel, in: DAV (Hrsg.): Die moderne Anwaltskanzlei, 1994, S. 260.
[2] Vgl. hierzu das nachfolgende Kapitel über Mandantenzufriedenheit.

Arbeitsabläufe

Organisation und Verbesserung der Arbeitsabläufe mit einbezogen werden. Die Bedeutung und der Wert einer solchen Integration wurden bereits in Kapitel 3 dargestellt.

Abgesehen davon, daß die optimale Ausgestaltung der großen Anzahl von Arbeitsabläufen von den jeweiligen Gegebenheiten einer Kanzlei abhängt, würde selbst die Darstellung der wichtigsten Elemente den Rahmen nicht nur dieses Kapitels, sondern des gesamten Leitfadens sprengen.[3] Wichtiger als ein Angebot von Ratschlägen für einzelne Arbeitsschritte, z. B. die optimale Anlage einer Akte, ist jedoch aus TQM-Sicht eine systematische Anleitung zur Verbesserung aller Arbeitsabläufe.

Anwälte sind auch nur Menschen, und einige verstecken sich gerne hinter ihren liebgewonnenen Gewohnheiten. Alles, was von Regeln und Ordnung befreit bleibt, hat auch auf den ersten Blick einen gewissen „Charme" des Unkomplizierten für sich. Die Realität sieht jedoch zumeist anders aus: von verärgerten und unzufriedenen Mandanten, frustrierten Mitarbeitern, gestreßten und überlasteten Anwälten bis hin zu Haftungsfällen. Dies alles sind ernst zu nehmende Indikatoren akuter Qualitätsdefizite. Was – in so mancher Kanzlei – typischerweise so alles daneben gehen kann, soll an nachfolgendem Beispiel deutlich werden:

Beispiel 9: Die Rechtsanwälte Hempel, Hinz und Kunz sind schon lange als Sozietät verbunden. Nach ihrem Arbeitsstil bezeichnen sich alle drei gern als „Individualisten" und entsprechend unterschiedlich arbeiten sie auch: In Hempels Büro türmen sich die Akten nicht nur auf dem Schreibtisch, sondern auch auf Stühlen, Schränken und dem Fußboden.

---

3 Eine hervorragende Anleitung zu einzelnen Arbeitsabläufen bietet das vom BuB-Ausschuß des DAV herausgegebene und bereits mehrfach zitierte Werk „Die moderne Anwaltskanzlei" (1994), S. 257 ff.

Arbeitsabläufe

Hinz neigt zu einer diffusen Zettel-Wirtschaft, weil er „Akten haßt". Kunz schließlich ist der „fristenanfälligste" der drei Anwälte und bei seiner Berufshaftpflichtversicherung bereits bekannt. Jeder Anwalt hat eine Sekretärin und diese teilen sich nicht nur ein Sekretariat, sondern auch alle Büroaufgaben so auf, wie sie gerade anfallen. Zuständigkeiten existieren nicht. Im Sekretariat steht u. a. auch das Faxgerät, das seit längerer Zeit einige „Macken" hat. An einem Dienstag nachmittag, kurz vor Dienstschluß, erreicht die Kanzlei ein drei Seiten langes Telefax. Fr. Egal, sie sitzt direkt neben dem Faxgerät, entnimmt die drei Blätter. Da sie an der Adresse sieht, daß das Fax nicht für Rechtsanwalt Hempel, also ihren Anwalt, bestimmt ist, legt sie die drei Blätter lose und ohne Eingangsvermerk wahllos auf eine Ablage in ihrer Reichweite. Der Papierspeicher des Faxgerätes ist jetzt leer, wie sie aus einer Leuchtanzeige ersehen kann. Da sie aber jetzt Feierabend hat, steht sie auf, und geht gemeinsam mit ihren Kolleginnen nach Hause. Daß das Faxgerät bei dieser Einstellung durch den Defekt auch nicht mehr sendebereit ist, ist ihr bekannt, allerdings ist ihr wichtiger, jetzt noch „schnell" Schuhe kaufen zu gehen. Schließlich hat sie Rechtsanwalt Hempel bereits mehrfach auf den Defekt hingewiesen, was dieser aber stets nur mit der „souveränen" Bemerkung: „Alles zu seiner Zeit, meine Liebe!" abtat. Die drei Sozien arbeiten derweil fleißig vor sich hin. Rechtsanwalt Hempel geht gegen 20:00 Uhr. Kunz sitzt an der Korrektur einer Berufungsbegründung, die er handschriftlich auf dem ersten Computerausdruck vornimmt. Natürlich ist noch heute Fristablauf. Gegen 21:00 Uhr ist Kunz fertig und begibt sich zum Faxgerät, um den Schriftsatz fristwahrend zum OLG zu faxen. Dieses funktioniert aber nicht. Da Kunz technisch unbegabt ist, kommt er nicht weiter. Hempel, der den Fehler kennt, was Kunz jedoch nicht bekannt ist, ist bereits nach Hause gegangen, Hinz weiß leider keinen Rat. Auch bei der Lieferantenfirma Schade ist niemand mehr zu erreichen. Nachdem Kunz alle erdenklichen Knöpfe des Gerätes gedrückt und eine halbe Stunde lang vergeblich und fluchend die Bedienungsanleitung gesucht hat, ist es darüber mittlerweile 22:00 Uhr geworden. Kunz kopiert daraufhin völlig entnervt den schon leicht lädierten Ausdruck der Berufungsbegründungsschrift und macht sich mit seinem PKW auf in Richtung Nachtbriefkasten des 100 km weit entfernten OLG.

Ein Alptraum oder doch eher ein Beispiel aus dem Leben? Mit Pech hat das Beispiel nicht viel zu tun, ist es doch vielmehr trauriges Abbild von Unordnung, um nicht zu sagen, Chaos. Natürlich handelt es sich um ein Beispiel, in dem viele Fehler vorgeführt werden, aber alle diese Fehler treten in der Realität auf:

– Unverantwortlichkeit und Nachlässigkeit der Kanzleiführung: Obgleich oder auch gerade weil die „Kanzleiführung" – im vorliegenden Beispiel eine eher leerlaufende Bezeichnung – aus drei Personen besteht, fühlt sich keiner für allgemeine Aufgaben, also auch Arbeitsabläufe, zuständig. Alle drei, Hempel, Hinz und Kunz, sind am liebsten mit sich und ihren Rechtsproblemen allein und wollen sich gar nicht um den „allgemeinen Kram" kümmern;
– Führungsschwäche und mangelhafte Vorbildfunktion der Kanzleiführung: Ein lockerer Spruch des Anwalts zur rechten Zeit mag ja angebracht sein; notwendige Aufgaben als aufschiebbar und lästig gegenüber Untergebenen darzustellen ist allerdings Führungsschwäche. Die Kanzleiführung soll Vorbild sein und bei identifizierten Problemen, egal wie geringfügig diese erscheinen mögen, Interesse an deren Beseitigung bekunden, gegebenenfalls (in der Not ist jeder zuständig) selbst mit Hand anlegen;
– Mangelhafter Informationsfluß innerhalb der Kanzleifüh-

rung: Rechtsanwalt Hempel signalisiert nicht nur Desinteresse und Nachlässigkeit gegenüber den nicht juristischen Mitarbeitern, sondern versäumt auch, den Kollegen der Kanzleiführung die wichtige Information des Defektes des Faxgerätes mitzuteilen. Kommunikation ist die Grundlage für eine gelungene Führung durch mehrere Anwälte;
- Fehlende Zuständigkeitsbestimmung für sämtliche Aufgaben, Desorganisation: Das Beispiel ist ein klassischer Fall von nicht genutzter Delegation. Hinzu kommt, daß sich im Beispiel 9 überhaupt niemand zuständig fühlt und auch tatsächlich nicht ist. Während also das typische Delegationsproblem darin besteht, eine delegierbare Aufgabe nicht zu delegieren, wurden hier diverse Aufgaben sozusagen an niemand konkret „delegiert". Genau so, wie es ein Fehler ist, delegierbare Vorgänge ohne Not selbst zu erledigen, ist es ein grundsätzlicher Fehler, alle möglichen Aufgaben den Mitarbeitern ohne Aufgaben- und Kompetenzbestimmung zu überlassen. Hier sind mehrere Aufgaben „herrenlos": Zuständigkeit für Faxeingang, Faxverteilung innerhalb Kanzlei, Papiernachfüllen Faxgerät, Fehlerbeseitigung (Beauftragung Dritter und Bezahlung der Rechnung) etc.;
- Übergehen von Hinweisen der Mitarbeiter: Wenn Hinweise von Mitarbeitern nicht beachtet werden, dann bleiben diese irgendwann ganz aus. Die Mitarbeiter erhalten zudem den Eindruck, daß manche Dinge halt nicht so wichtig sind, obgleich dies – wie im Beispiel – falsch sein kann. Der Respekt vor und das „Image" der Kanzleiführung schwinden. Hinweise qualifizierter Mitarbeiter sind entscheidend für die Verbesserung der Abläufe;
- Teilnahmslosigkeit der Mitarbeiter: hier bereits als Folgeerscheinung der Verantwortungslosigkeit der Führung sichtbar. „Wenn das selbst den Chef nicht interessiert, warum soll ich mich dann darum sorgen?" wird sich

Frau Egal gefragt haben. Schlimmer als Teilnahmslosigkeit ist das billigende Inkaufnehmen von teilweise erheblichen Schäden, z. B. Haftungsfälle durch Fristversäumung. Frau Egal wußte um den Defekt des Faxgerätes, nahm eingetretene Folgeschäden jedoch aus nichtigen Gründen (geringfügige Verzögerung des Feierabends) in Kauf;
– Mangelnde Solidarität unter Kollegen, „Dezernatsegoismus": Obgleich das Zusammenheften der Faxseiten und das Weiterreichen an die zuständige Kollegin im Raum fast ohne Aufwand möglich sind, nimmt auch hier Frau Egal den für sie bequemeren Weg. „Das gehört nicht in unser Dezernat!" ist die entsprechende Aussage für diese Grundeinstellung. Auch hier nimmt die Mitarbeiterin Folgeschäden (Verlust ein oder mehrerer Seiten des eingegangenen Faxes) billigend in Kauf.

Viele Fehler treten dabei erst dann auf, wenn sich gleich zwei Personen falsch verhalten; sozusagen eine kumulative Kausalität: der Fehler „Fax nicht sendebereit" konnte nur deshalb virulent werden, weil sich sowohl RA Hempel (Unterlassene Aufklärung seiner Kollegen), wie auch Frau Egal (Unterlassenes Auffüllen des Papiers) fehlerhaft verhalten haben. Alle Fehler im obigen Beispiel hätten durch eine umsichtige und motivierte Führung und Belegschaft vermieden werden können. Wie Eingangs herausgestellt, gibt es kein einheitliches oder ideales Schema. Jedes Büro ist anders strukturiert und hat seine eigene Kultur, die nicht von Haus aus schlecht sein muß. Ein entscheidender Qualitätssprung wird erfahrungsgemäß bereits dadurch erreicht, daß sich alle Kanzleiangehörigen in einem frühen TQM-Stadium, jeder für sich, sich seine Aufgaben und die Art ihrer Erledigung klarmacht und sie zumindest stichwortartig zu Papier bringt. Damit Fehler in den Arbeitsabläufen vermieden werden, muß die Qualität aller Arbeitsabläufe jedoch **systematisch** verbessert werden.

Arbeitsabläufe

Dazu muß man sich die Systematik von Arbeitsabläufen klar machen: Jeder Ablauf hat einen Input, einen Anlaß (1), der bestimmte notwendige Reaktionen/Tätigkeiten auslöst (2), die von einer möglichst vorher bestimmten Person (3) mit einem bestimmten Ausbildungsstand erledigt werden müssen (4) und am Ende zu einem Output (5), einem Arbeitsergebnis, führen, das bestimmungsgemäß ausgeführt und ggfls. kontrolliert werden muß (6). Diese Systematik liegt im Prinzip allen Abläufen zu Grunde, gleichgültig, ob es um den Verlauf eines Telefonanrufs oder die Erstbearbeitung eines neuen Mandats geht.

Der Anruf des Mandanten in der Kanzlei (1)
– wird unverzüglich entgegengenommen (2)
– von einer mit den technischen Anforderungen der Telefonanlage vertrauten Mitarbeiterin (3)
– in einer für die Kanzlei typischen und immer wiederholten Weise (3) (4)
– und entweder zum Anwalt durch gestellt (5), (wenn er anwesend ist und angerufen werden möchte)
oder
– dem Mandanten wird der Rückruf des Anwalts innerhalb einer bestimmten Zeitspanne avisiert (5)
– soweit erforderlich werden Name, Grund des Anrufs und Telefonnummer notiert (5)
– und die Telefonnotiz wird in jedem Fall dem Anwalt vorgelegt (5) (6).

Die Gliederungstiefe des Schemas hängt von der Komplexität des Vorgangs ab. Bei der Mandatsannahme wird man deshalb zwischen den bürotechnischen Abläufen, wie Erfassen der Stammdaten, erste EDV-gestützte Kollisionsprüfung und Anlage der Akte sowie den Abläufen im Zusammenhang mit dem ersten Mandantengespräch und den dadurch ausgelösten Aktivitäten unterscheiden müssen, wie Sachverhaltserfassung und erste rechtliche Beurteilung ggf. mit der Folge, daß das Mandat an den auf dem Rechtsgebiet spezialisierten Anwalt innerhalb der Kanzlei weiterzugeben ist usw.

Zur Fehlervermeidung ist die Organisation der Kanzleiabläufe unter Beachtung folgender Punkte zu „überholen":

1. **Bewußtmachen vorhandener Abläufe:** Es ist erforderlich, daß sich die Kanzleiführung oder zumindest der für die Organisation sonst zuständige Sozius alle Abläufe der Kanzlei bewußt macht, indem jeder Arbeitsablauf gedanklich erfaßt und von anderen Arbeitsabläufen abgegrenzt wird. Es muß also jeweils definiert werden, um **was** es geht: z. B. ist die Bearbeitung von Faxeingängen abzugrenzen von der Pflege und Bestückung des Geräts mit Papier. Letzteres ist wiederum abzugrenzen von der Störungsbeseitigung usw. Das Ziel ist eine vollständige Erfassung aller Abläufe. Dabei verbleibt der Kanzlei unverändert ein weitreichender Gestaltungsspielraum. Insbesondere kann jede Kanzlei selbst festlegen, ob sie dem Mandanten einen „Rolls Royce" bietet (was gegebenenfalls gesondert zu honorieren ist), indem er stets sofort zurückgerufen wird, laufend in aller Ausführlichkeit begleitende Schreiben erhält und ihm einmal monatlich unaufgefordert Zwischenbericht und Zwischenrechnung zugeleitet oder ein eher „üblicher" Qualitätsstandard praktiziert wird. Erforderlich ist jedenfalls, daß die Kanzlei ihre Abläufe systematisch (lücken- und widerspruchsfrei) organisiert.
2. **Optimierung der Abläufe:** Als nächsten ist zu überlegen, **wie** der jeweilige Arbeitsablauf unter Berücksichtigung der Interessen der Mandanten (Beispiel Telefonanruf: kein unnötig langes Läuten des Telefons, Zeitangabe für den Rückruf), der nichtjuristischen Mitarbeiter (mit der Telefonanlage vertraut sein) sowie der Anwälte (störungsfrei-

es Arbeiten und kontrollierbare Notiz über den Rückruf) rationalisiert werden kann. Hierbei bedient man sich gegebenenfalls, ohne dies jedoch sklavisch und ungeachtet der eigenen Gegebenheiten zu übernehmen. Jeder Ablauf ist darauf zu überprüfen, ob und wie er sich einfacher, störungs- und reibungsfrei gestalten läßt.

3. **Zuständigkeitsbestimmung:** Wenn feststeht, wie der Ablauf am besten organisiert wird, muß das **„Wer"**, also die persönliche Zuständigkeit – einschließlich Vertretungsregelung – konkret bestimmt werden. Die Kanzleiführung muß weiterhin die Art der Ergebniskontrolle regeln (Aufsichtszuständigkeit). Jede Zuständigkeit soll so klar und einfach definiert sein, daß sie nach der Lernphase im täglichen Ablauf ohne Nachschlagen in Verfahrenshandbüchern erledigt werden kann, denn nur auf diese Weise ist eine Aufgabe gut, weil schnell und sicher ausführbar, geregelt. Dennoch auftretende Kompetenzzweifel sind der Kanzleiführung oder eine besonders beauftragten Person (Bürovorsteher, Qualitätsbeauftragter usw.) vorzulegen und von dieser zu entscheiden. Wird eine Aufgabe mehreren Mitarbeitern (z. B. der Postausgang auf die Mitarbeiterin, die jeweils zuletzt am Abend die Kanzlei verläßt) oder werden gleichartige Aufgaben mehreren Mitarbeitern (Telefonvermittlung zu „ihrem" Anwalt herstellen) zugeordnet, so ist auf Gleichförmigkeit der Aufgabendurchführung und Kompetenzen zu achten. Dies dient sowohl dem Gleichheitsbedürfnis von Mitarbeitern und Mandanten (Corporate Identity), wie auch der Kompatibilität der Mitarbeiter untereinander.

4. **Handbuch:** Wenn die Kanzleiführung die Arbeitsabläufe systematisch verbessern will, muß sie sie nicht nur erfassen, sondern auch dokumentieren. Das gilt uneingeschränkt für Aufgaben mit hohem Aktionsrisiko, also für haftungs- und schadensgeneigte Tätigkeiten, wie z. B. Fri-

stenverwaltung; das sollte aber auch für die anderen Arbeitsabläufe gelten, weil nur durch die Dokumentation die stete Wiederholbarkeit gewährleistet ist. Diese erst schafft Standards, die kontrolliert und bei Bedarf den veränderten Verhältnissen angepaßt werden können.

Zur „Generalüberholung" der Arbeitsabläufe der eigenen Kanzlei auf dem Weg zu einer „TQM-Kanzlei" und insbesondere auch zur Erstellung des Ablaufteils eines Handbuchs mag nachfolgende Checkliste dienen, die sich ohne den geringsten Anspruch auf Vollständigkeit auf einige wichtige Arbeitsabläufe der Mandatsbearbeitung erstreckt[4]:

1. **EDV-Einsatz bei der Mandatsbearbeitung:**
   - Adreßverwaltung mit Selektionskriterien: Mandant, Gegner
   - Interessenkollision (§ 43 a Abs. 4 BRAO) wird automatisch geprüft
   - Kalender (Fristen, Vorfristen, Wiedervorlagen): Sicherstellen, daß auch telefonisch oder im Mandantengespräch mitgeteilte Fristen lückenlos erfaßt und überprüft werden
   - Leicht verständliches Textverarbeitungssystem
   - Einsatz von Textbausteinen für Routineangelegenheiten (EMA-Anfrage, Schritsatzmasken für Standardklagen, Musterverträgen, Vertragsklauseln usw.)
   - Adressen von Gerichten, Behörden, Sachverständigen, Korrespondezanwälten, Übersetzern
   - Aktenzeitkonto
   - Aktenabrechnung
   - Fremdgelder gesondert ausweisen
   - Angemessene Zugangssicherung zur EDV

---

4 Als Vorbild diente Kapitel F des englischen PMS-Modells.

2. Informationsfluß an Mandant

- Grundsätzlich schriftlich (auch schriftliche Bestätigung mündlich/telefonisch erteilter Auskünfte)
- Mandats-Ablehnung (§§ 44, 48 ff. BRAO[5]) oder Niederlegung[6] unverzüglich und mit schriftlicher Begründung
- Bei Mandatsaufnahme schriftliche Bestätigung an Mandant. Diese umfaßt:
- genau definierten rechtlichen Auftrag des Mandanten
- tatsächliches Begehren des Mandanten, soweit abweichend vom Wortlaut der Mandantenanfrage
- vereinbarte oder voraussichtliche Dauer des Mandats
- Bearbeiter in der Kanzlei
- tatsächliche oder rechtliche Risiken zum Zeitpunkt der Mandatsaufnahme (Woran kann das zunächst einleuchtende Anliegen scheitern?)
- voraussichtliche Kosten des Mandats, einschließlich Kostenrisiko durch Dritte (gegnerische Kosten (RA), Gerichtskosten, -gebühren, -auslagen usw.)
- Aussichten auf Kostenübernahme durch Rechtsschutzversicherung
- vereinbarte oder beabsichtigte Vorgehensweise durch Kanzlei
- Während des laufenden Mandats Mitteilungen von Änderungen der vorgenannten Punkte (z. B. sind neue Risiken aufgetaucht?)
- Übermittlung von sämtlichen relevanten Schreiben und Schriftstücken (der Kanzlei sowie eingehende) an Mandant
- Regelmäßige Sachstandsmitteilung an Mandant (z. B. 1

---

5 Zum Pflichtenumfang bei Ablehnung des Mandats: Feuerich/Braun, BRAO-Komm., 3. Aufl. 1995, § 44, Rz. 7 ff.
6 Vgl. hierzu Brüning, Wesen und Inhalt des Anwaltsvertrages – Pflichten des Rechtsanwalts gegenüber seinen Mandanten, in: DAV (Hrsg.), Die moderne Anwaltskanzlei, 1994, S. 440 ff.

X pro Monat), selbst wenn keine bedeutenden Schritte erfolgt sind.

3. **Kommunikationsverhalten gegenüber Mandant**
   - Zeitnahe Antwort auf Schreiben des Mandant (z. B. spätestens nach 3 Arbeitstagen), insbesondere, wenn ausdrücklich von Mandant gewünscht
   - Zeitnahe Antwort auf telefonische Anrufe des Mandanten (z. B. immer am Tag des Anrufs), insbesondere, wenn Mandant ausdrücklich Rückruf wünscht; ansonsten bietet Kanzlei von sich aus Rückruf unter Angabe der voraussichtlichen Rückrufzeit an.
   - Übersichtliche und leicht verständliche Darstellung durch den Anwalt, konkrete Empfehlung zum weiteren Vorgehen.

4. **Mandatsabschluß**[7]
   - Schriftlicher Abschlußbericht an Mandant in verständlicher Ausdrucksweise
   - Hinweis an Mandant, ob und wann durch ihn selbst noch Schritte in bezug auf Mandat durchgeführt werden müssen. Gegebenenfalls Anfrage, ob Kanzlei dies für Mandant erledigen soll
   - Zeitnahe Stellung der Abschlußkostennote, gegebenenfalls Mahnung.

5. **Inanspruchnahme der Leistungen Dritter**
   - Auswahl von „Subunternehmern" nach festgelegten Kriterien, die auf ein bestimmtes Qualitätsniveau abzielen (z. B.: Liste von Korrespondenzanwälten, die laufend überprüft – „gepflegt" – wird).
   - Übersichtliche Listen von Übersetzungs- und Schreib-

---

[7] Zur Feststellung des Zeitpunktes des jeweiligen Mandatsendes vgl.: Feuerich/Braun, BRAO-Komm., 3. Aufl. 1995, § 50, Rz. 11 ff.

Arbeitsabläufe

   büros, Sachverständigen, Lieferanten etc.
   – Klare Auftragsbestimmung gegenüber Dritten
   – Leistungsergebnisse Dritter sind – soweit möglich – auf Richtigkeit/Schlüssigkeit oder Vertretbarkeit zu prüfen
   – Zeitnahe Vergütung Dritter

6. **Führung der Handakten**
   – Form der Aktenführung körperliche Handakte oder reine EDV-Akte (§ 50 Abs. 5 BRAO) – bestimmen;
   – Sicherstellung einheitlicher geordneter und vollständiger Aktenführung (§ 50 Abs. 1 BRAO), die jederzeit einen Wechsel des Bearbeiters ohne zusätzliche mündliche oder schriftliche Information ermöglicht[8];
   – Aktenkonto und Aktenzeitkonto in körperlicher Handakte, soweit nicht in EDV;
   – Unverzügliche Rückgabe von Originalunterlagen an Mandant[9];
   – Sicherstellung der ordnungsgemäßen (§ 50 Abs. 2 BRAO) Aufbewahrung und/oder Rückgabe der Handakten.

7. **Mandatsbearbeitung**
   – Standardisierung der juristischen Arbeitsprozesse (Checklisten, Eintreibungen, Abmahnungen u.v.m.). Es entspricht einem verbreiteten Mißverständnis, daß sich die Anwaltstätigkeit festen Regeln entziehe, da alles schlechthin kreativ sei. Im Gegenteil, viel läßt sich standardisieren, wodurch Fehler (wird nicht immer

---

[8] Zu den gesetzlichen Anforderungen vgl.: Feuerich/Braun, BRAO-Komm., 3. Aufl. 1995, § 50, Rz. 6 ff. Vgl. auch Irion, Tagesablauf und Organisationsmittel, in: DAV (Hrsg.), Die moderne Anwaltskanzlei, 1994, S. 298 ff.

[9] Nach Mandatsbeendigung hat der Mandant das Recht, die Herausgabe der dem § 50 Abs. 4 S. 1 BRAO entsprechenden Teils der Handakte zu verlangen. Vgl. Feuerich/Braun, BRAO-Komm., 3. Aufl. 1995, § 50, Rz. 21 m. w. N.. zu den Voraussetzungen des Zurückbehaltungsrechts des Anwalts.

wieder das gleiche übersehen?) vermieden und Raum für das geschaffen wird, was nicht Routine, sondern wirklich kreativ ist. Derartiges festzulegen ist jedoch jeder Kanzlei selbst überlassen. Entsprechendes gilt für kanzleiinterne Qualitätskontrolle, etwa durch Umlauf von Tageskopien;
– Sicherstellung der Verschwiegenheitspflicht/Informationsschutz innerhalb der Kanzlei. D.h., sämtliche Mitarbeiter sind auf ihre Verschwiegenheit eingehend hinzuweisen und zu belehren. Organisatorisch ist dafür zu sorgen, daß keine Akten oder EDV-Texte für Dritte – z. B. Softwareberater, Programmierer – einsehbar sind, Schriftstücke gar offen auf dem Schreibtisch des Anwalts herumliegen etc. Telefonate mit anderen Mandanten sollten für wartende oder im Büro des Anwalts anwesende Mandanten nicht mitzuhören sein.

Was setzt TQM voraus und was muß die Kanzleiführung tun?

TQM setzt kurz gesagt voraus, daß die Kanzleiführung

– sich über Arbeitsprozesse bewußt Gedanken macht und die Abläufe schriftlich niederlegt;
– die Optimierung aller Arbeitsabläufe bespricht und/oder beschreibt;
– Verantwortlichkeiten und Kompetenzen festlegt;
– Mißverständnisse über Zuständigkeiten durch eindeutige Regelungen vermeidet;
– ständig nach neuen Verbesserungsmöglichkeiten sucht und diese umsetzt;
– Mitarbeiter für die Abläufe interessiert und zu Verbesserungsvorschlägen motiviert.

Arbeitsabläufe

Was setzt ISO-9000 voraus?

Die Arbeitsprozesse sind sozusagen die eigentliche Domäne der ISO-Normen. Die Normen DIN EN ISO 9001 Ziffern 4.3–4.20 beziehen sich alle, bis auf 4.18, auf Arbeitsprozesse. Da die Begriffe und Formulierungen der DIN EN ISO 9000 ff-Normen in erster Linie auf Produktions- und Fertigungsbetriebe ausgerichtet sind, sind sie nicht ohne weiteres auf ein Dienstleistungsunternehmen wie eine Anwaltskanzlei übertragbar. Wenn man jedoch die Forderungen der DIN EN ISO 9000 ff. an ein Qualitätsmanagementsystem so interpretiert, daß sie den speziellen Bedürfnissen einer Anwaltskanzlei gerecht werden, erschließen sich die 20 Forderungen der Ziff. 4 der DIN EN ISO 9001 und damit auch alle Arbeitsabläufe ohne weiteres. Der Inhalt der kanzleispezifisch umgesetzten DIN EN ISO 9000 ergibt sich aus der Anlage.

Kapitel 6: Mandantenzufriedenheit[1]

Der Rechtsanwalt ist ein unabhängiges Organ der Rechtspflege (§ 1 BRAO). Das gibt seinem Beruf den ethischen Unterbau; die wirtschaftliche Basis seiner Berufsausübung liegt im Verhältnis zu seiner Mandantschaft.

Daß die Zufriedenheit der Mandantschaft über das wirtschaftliche Leben und Überleben jeder Kanzlei entscheidet, ist eine triviale Erkenntnis. Weniger trivial und erst neuerdings „modern" geworden ist, über die Elemente der Mandantenzufriedenheit nachzudenken und sich auch über die anwaltlichen Dienstleistungen im engeren Sinn hinaus ausdrücklich darum zu bemühen. Das Wirken des Wettbewerbs auf dem globaler werdenden Markt für anwaltliche Leistungen ist hier zu spüren. Insoweit gilt eben nichts anderes als für Dienstleistungen, die gewerbliche Unternehmen für ihre Kunden erbringen. Folgerichtig findet sich der Kunde nicht nur, seiner Bedeutung angemessen, in fast allen Definitionsansätzen zum TQM wieder[2], sondern wird seine Zufriedenheit der Maßstab schlechthin zur Bewertung der Qualität jedweder Produkte und Dienstleistungen. In der Bewertungsskala des Malcolm Baldrige National Quality Awards macht das Kriterium Kundenzufriedenheit allein 30 % aus, im europäischen Pendant, dem European Quality Award immerhin 20 %. Ob die für den gewerblichen Bereich entwickelten Prozentsätze angesichts der Bindung als Organ der Rechtspflege für die Anwaltschaft unbesehen übernommen werden können, mag dahin stehen; jedenfalls ist die Zufriedenheit der Mandantschaft ein äußerst

---

[1] Vgl. hierzu: Krämer/Mauer: Die strategische Bedeutung der Kundenzufriedenheit für den Rechtsanwalt, BRAK-Mitt. 1/1996, S. 22 ff.; dies.: Fragebogen zur Mandantenfindung und -bindung – Ein Praxisbericht zur Marktforschung durch Anwaltskanzleien, BRAK-Mitt. 4/1996, S. 141 ff.; dies.: Marketingstrategien für Rechtsanwälte, Rz. 140 ff.

[2] Vgl. Krämer/Mauer, BRAK-Mitt. 1/1996. S. 24.

wichtiges Kriterium der Qualität anwaltlicher Leistung. Auch das englische PMS-Modell berücksichtigt die Zufriedenheit des Mandanten und fordert die Einrichtung eines Beschwerdemanagements.[3]

Der letztgenannte Ansatz nähert sich dem Thema freilich nur von der Kehrseite, sozusagen nur für den Fall, in dem „das Kind schon in den Brunnen gefallen ist". Von vornherein sollte Einigkeit darüber bestehen, daß Mandanten zwar meistens selbst keine Juristen sind und daher von Juristerei auch nicht viel verstehen, sie gleichwohl aber nicht nur Objekte unseres Handelns sind – die Mandanten sind diejenigen, die uns Arbeit und Lohn bringen. Der gesetzliche Auftrag in § 3 Abs. 1 BRAO, berufener unabhängiger Berater und Vertreter zu sein, besteht primär gegenüber dem Mandanten.

Die Wirkungen der Mandantenzufriedenheit liegen auf der Hand[4]:

1. Vermeidung von zeit- und kostenaufwendiger Neuakquisition von Mandanten. Durch den zunehmenden Wettbewerbsdruck der Anwälte untereinander und mit außerjuristischen Beratern wird es zunehmend schwieriger, Mandanten zu gewinnen. Aber: einen Mandanten zu verlieren kostet noch mehr, als einen neuen zu finden.
2. Senkung der Kanzleikosten. Längerfristige Zusammenarbeit mit Mandanten senkt die Kosten der Kommunikation und die vom Anwalt in den Fall zu investierende Zeit. Denn das Kennen des Mandanten erleichtert die Bearbeitung jedes weiteren Mandats desselben Mandanten und erhöht dessen Erfolgsaussichten.
3. Erreichen einer erhöhten Inanspruchnahme der Kanzlei durch den Mandanten. Stellt die Kanzlei den Mandanten

---

3 Gliederungspunkt F 11 des englischen Systems.
4 Nach Krämer/Mauer, BRAK-Mitt. 1/1996, S. 25.

zufrieden, insbesondere durch die gelungene Begründung eines Vertrauensverhältnisses zum Rechtsanwalt, so sinkt die „Hemmschwelle" des Mandanten zur Konsultation des Rechtsanwalts.
4. Möglichkeit zur Honorarerhöhung. Durch die Bindung des Mandanten wird vielfach erst die Grundlage zum Abschluß von Dauerberatungsverträgen geschaffen. Übrigens: unzufriedene Mandanten zahlen spät oder gar nicht.
5. Kostenlose Mund-zu-Mund-Werbung. Zufriedene Mandanten sind nach wie vor die besten, wenn auch nicht die objektivsten, „Werbeträger".

Mindestens genauso wichtig ist die Zielsetzung der Mandantenzufriedenheit unter dem Aspekt, negative Äußerungen durch enttäuschte Mandanten auszuschließen bzw. zu minimieren. Unzufriedene Kunden äußern sich über ihre Erfahrungen bis zu vier mal häufiger als zufriedene Kunden über ihre positiven Erfahrungen berichten.[5]

Ursachen der Unzufriedenheit können insbesondere sein[6]:

1. Verkennen der **Mandantenerwartungen**. Diese Gefahr besteht zunächst dann, wenn der Anwalt sich seinem Mandanten nicht hinreichend widmet, nicht „zuhört", aber auch dann, wenn der Anwalt die jeweiligen Informationen des Mandanten durch Dritte verfälscht bzw. lückenhaft erhält und deshalb nicht die Erwartungen des Mandanten „treffen" kann. Sie besteht jedoch auch dann, wenn der Mandant seine tatsächlichen Interessen hinter rechtlichen Auseinandersetzungen versteckt, und der Anwalt dies nicht erkennt. Ein banales Beispiel aus dem Arbeitsrecht: Der Mandant will sich scheinbar gegen die Wirksamkeit einer

---

5 Krämer/Mauer, a.a.O., S. 25.
6 Krämer/Mauer, a.a.O., S. 23.

Kündigung wenden, jedoch geht sein tatsächliches Interesse genau in die entgegengesetzte Richtung: Er will um keinen Preis beim alten Arbeitgeber bleiben, sondern eine Abfindung erzwingen. Es ist Aufgabe des Anwaltes, die wahren Interessen herauszufinden, auch wenn der Mandant sie zunächst ganz anders formuliert[7]. Mandanten erwarten von ihrem Anwalt, daß dieser ihr tatsächliches Begehren selbst dann erkennt, wenn es nicht dem rechtlichen Auftrag entspricht. Leistet der Anwalt dem scheinbaren Auftrag gemäß, wird der Mandant trotzdem enttäuscht sein.

2. **Anwaltlicher Mißerfolg**. Nicht immer entwickelt sich ein Verhandlungs-, Prozeß- oder sonstiges Mandat so, wie es sich am Anfang dargestellt hat. Auch juristische Kunstfehler können einmal vorkommen – sonst gäbe es keine Pflichtversicherung. Ursache ist häufig mangelnde Qualifikation und Erfahrung auf einem bestimmten Rechtsgebiet. Ohne entsprechende Fortbildung kann manches Mandat nicht angenommen werden. Der Mandant ist natürlich enttäuscht, wenn sich das von ihm erwartete Ergebnis nicht einstellt. Entscheidend ist deshalb die eingehende Information am Anfang des Mandats und die laufende Unterrichtung über den Stand der Sache. Teilt der Anwalt dem Mandanten gleich bei Übernahme des Mandats mit, aus welchen Gründen ein Prozeß verloren werden kann, wird der Mandant darüber vielleicht trotzdem enttäuscht, aber nicht mit dem Anwalt unzufrieden sein, wenn sich das aufgezeigte Risiko in der prognostizierten Form realisiert hat. Erst der überraschend verlorene Prozeß bewirkt die Unzufriedenheit mit dem Anwalt. Anwaltliche Kunstfehler können natürlich nicht prognostiziert werden. Kommt ein Fehler vor, so gilt es, das Beste daraus zu

---

7 Vorbrugg, Anwaltliche Vertragsgestaltung, AnwBl. 5/96, S. 251 (253).

machen, den Mandanten über jeden Ausweg zu beraten, bis hin zur Haftpflichtfrage. Auch das ist ein Zeichen von Qualität anwaltlicher Dienstleistung. Das heißt aber: trotz eines verlorenen Prozesses, selbst wegen eines juristischen Kunstfehlers, muß der Mandant nicht unzufrieden sein. Kaum überraschend, stehen die hier skizzierten Qualitätsgrundsätze auch in Übereinstimmung mit den von der höchstrichterlichen Rechtsprechung für anwaltliche Haftung aufgestellten Regeln[8]; es ist also notwendig und klug, ihnen zu folgen.

3. **Organisationsmängel** und sonstige Schlechtleistung. Leider ist die gelungene juristische Bearbeitung nicht im Umkehrschluß zum eben erörterten Punkt ein Garant für einen zufriedenen Mandanten. Die am häufigsten genannten Gründe für Unzufriedenheit mit dem Anwalt liegen außerhalb der juristischen Kompetenz, nämlich bei den – verharmlosend – so genannten anwaltlichen Sekundärtugenden[9]: Es sind dies mangelnder persönlicher Einsatz und mangelnde Zuwendung des Anwalts für den Mandanten, mangelhafte Erreichbarkeit u.ä.[10] Der Anwalt nimmt sich zu wenig Zeit; der Anwalt ist zum gewünschten oder notwendigen Zeitpunkt nicht verfügbar; der Anwalt hört nicht genügend zu; kurz: Der Anwalt vermittelt dem Mandanten nicht das Vertrauen, mit seinem Fall wichtig genommen zu werden.

Soweit Sie größere Firmen beraten und vertreten, ist Schnittstelle häufig die **Rechtsabteilung**, Ihr Ansprechpartner ist selbst Rechtsanwalt, Syndikusanwalt. Das „Zufriedenheits-"

---

8 Vgl. BGH 14.11.1991, AnwBl. 92/186; BGHZ 94/350, 385.
9 Vorbrugg, Total Quality Management im Anwaltsberuf, AnwBl. 6/95, S. 273 (275 f.).
10 Wettmann/Jungjohann, Inanspruchnahme anwaltlicher Leistungen – Zugangsschwellen, Beratungsbedarf und Anwaltsimage. 1989, S. 28; Mauer/Krämer, Marketingstrategien für Rechtsanwälte, Rz. 69 ff.

bzw. „Unzufriedenheitsprofil" verschiebt sich etwas, ist aber nicht grundsätzlich anders. Einerseits haben Sie nicht immer unmittelbaren Zugang zu den Informationen und Informanden im Unternehmen – ein kluger Syndikusanwalt wird Sie aber immer in die Feststellung des Tatbestandes einbinden – andererseits erhalten Sie Zugang zu Informationsquellen auf die Sie als Externer gar nicht gekommen wären. Außerdem werden Ihnen Dokumente, Namen von Zeugen etc. in der Regel juristisch vorsortiert und in „gerichtsfähiger" Form übergeben. In der Regel ist der Syndikuskollege auch auf den für das Unternehmen typischen Rechtsgebieten spezialisiert, z. B. in einem Chemieunternehmen auf Lebensmittelrecht. Der juristische Erklärungsbedarf – auch am Anfang des Mandats – ist geringer, andererseits werden höhere Ansprüche an die juristische Durchdringung des Falles gestellt, insbesondere in den Gebieten, auf denen Sie der Spezialist sind; sehr viel schwieriger wird es anwaltliche Fehler oder Mißerfolge zu erklären. Auch bei der Zusammenarbeit mit einem Syndikuskollegen gilt es zuerst festzustellen, was von Ihnen erwartet wird: sollen Sie die Rechtsabteilung entlasten oder der Gegenkontrolle einer in der Rechtsabteilung zu einem bestimmten Thema gebildeten Rechtsauffassung dienen, oder ist Ihre Expertise auf einem bestimmten Rechtsgebiet gefragt, oder sollen Sie alleinverantwortlich einen Prozeß führen oder die Rolle des Prozeßanwalts im Verhältnis zum Syndikuskollegen als Verkehrsanwalt übernehmen. Nach deutschem Prozeßrecht (§§ 53, 97 StPO, 383 ZPO, 46 BRAO) steht auch dem Syndikusanwalt das Zeugnisverweigerungsrecht in Sachen des von ihm betreuten Unternehmens zu, verbunden mit der Beschlagnahmefreiheit seiner entsprechenden Anwaltsakten[11]. Besonders in Rechtsstreitigkeiten nach US-amerikanischem Recht hat dieser Punkt

---

11 Vgl. z. B. Stellungnahme des BkartA gegenüber dem EuGH in der Sache AM&S, WuW 83/283.

große Bedeutung gewonnen. Nicht immer wird allerdings auf die auch für den externen Anwalt geltenden Voraussetzungen, eindeutige Mandatierung und strenge Trennung der Akten geachtet. Die Qualität anwaltlicher Dienstleistung gerade des Prozeßanwalts besteht deshalb auch darin, dies zusammen mit dem Syndikuskollegen sicherzustellen.

Wenn Sie durch den Syndikuskollegen beauftragt werden, spielt die sofortige persönliche Verfügbarkeit häufig eine besonders große Rolle; der Kollege hat den Fall in der Regel ja schon – vielleicht zeitaufwendig – vorbeurteilt und braucht jetzt schnell eine Überprüfung seiner Ergebnisse. Das können Sie nicht auf einen Mitarbeiter delegieren. Höchst delikat wird es, wenn die Unternehmensleitung Sie sozusagen als **Eskalationsorgan** gegen eine unwillkommene Rechtsansicht ihres Syndikusanwalts in Anspruch nimmt – möglichst noch hinter seinem Rücken. Natürlich können und sollen Sie diesen Auftrag nicht ablehnen. Es empfiehlt sich aber, darauf zu dringen, daß der betroffene Kollege hinzugezogen wird, schon damit sicher ist, daß Sie und er den gleichen Sachverhalt beurteilen.

Ungeachtet des eben Gesagten wird sich der Anwalt in der Regel darauf verlassen können, daß die Erwartungen seines Unternehmensmandanten durch dessen Rechtsabteilung zutreffend formuliert werden. Jedenfalls wird man eine etwaige Fehlkommunikation nicht ohne weiteres ihm anlasten. Für die Rechtsabteilung bzw. den Syndikusanwalt stellt sich die Situation einen Grad komplexer dar:

Mandant der Rechtsabteilung bzw. des Syndikusanwalts ist – wie beim externen Anwalt – das Unternehmen, vertreten durch die Geschäftsleitung, möglichst den Vorsitzende des Vorstands bzw. den leitenden Geschäftsführer. Ansprechpartner im Unternehmen sind aber aus naheliegenden

Gründen Mitarbeiter und Führungskräfte aller Ebenen der Unternehmenshierarchie und aus den verschiedensten Bereichen/Abteilungen. Diese interpretieren das Unternehmensinteresse und damit die Erwartungen an die Rechtsberatung durchaus unterschiedlich aus ihrer bereichs- oder abteilungsegoistischen Sicht. Es kommt hinzu, daß es für viele Fälle gar kein definiertes oder auch nur leicht erkennbares, übergreifendes Unternehmensinteresse gibt. Als Beispiel diene ein Gewährleistungsfall: Ein bestimmtes Produkt leistet nicht, was ein bestimmter Kunde erwartet hat. Das zuständige Produktmanagement ist für Design entsprechend der Marktbedürfnisse und fehlerfreie Funktion verantwortlich und wird u. a. daran gemessen, wie gering die Aufwendungen für Gewährleistungsfälle sind, ob Gewährleistungsforderungen also zurückgewiesen werden können. Das für die Kundenbeziehungen zuständige Vertriebs-Management, das mit diesem Kunden noch weitere Geschäfte auch mit anderen Produkten und Werk-/Dienstleistungen machen will und am Umsatz gemessen wird, ist vor allem interessiert, den Kunden zufriedenzustellen – es wird also einen Gewährleistungsfall möglichst bejahen wollen. Bei Einschaltung der Rechtsabteilung wird jede der beiden betroffenen Funktionen wahrscheinlich eine andere Schilderung des Sachverhalts geben und eine andere Interpretation der Situation und der vertraglichen Gewährleistungsbestimmungen erwarten. Häufig werden Vertriebsbereiche u. a. auch an der Höhe der noch offenen Forderungen gegen die Kundschaft gemessen. Da kann es vorkommen, daß ein Vertriebsbereich auf der gerichtlichen Durchsetzung einer mittelgroßen offenen Forderung gegen einen Kunden besteht, während ein anderer Vertriebsbereich gerade über ein ebenso wichtiges neues Projekt mit ihm verhandelt. Die Qualität der (syndikus-)anwaltlichen Leistung besteht hier auch darin, solches Konfliktpotential frühzeitig zu erkennen und zwischen dem beteiligten kaufmännischen Management auszugleichen – und zwar ohne die Geschäftsleitung zu bemühen. Erst dann kann der externe Anwalt eingeschaltet werden. Wie komplex die Frage nach dem zu vertretenden Interesse für die lokale Rechtsabteilung der Tochtergesellschaft eines internationalen Konzerns werden kann, mag der Phantasie des Lesers überlassen bleiben.

Neben fallbezogenen Aufträgen hat die Rechtsabteilung eines Unternehmens normalerweise das generelle Mandat, alle Rechtsangelegenheiten des Unternehmens zu regeln. Das schließt häufig eine gewisse **„Polizeifunktion"** ein, d. h. die Rechtsabteilung ist auch aufgerufen, die Einhaltung arbeitsrechtlicher, datenschutzrechtlicher, gewerberechtlicher, kartellrechtlicher etc. Vorschriften sicherzustellen; ist es einmal zu rechtlich relevantem Fehlverhalten, oder zu Verstößen gegen Vertriebs-, Geheimhaltungs- Sicherheitsrichtlinien etc. gekommen, wird die Rechtsabteilung in die internen Ermittlungen eingeschaltet werden, der Syndikusanwalt bekommt also eine quasi staatsanwaltliche Funktion. Aber: Kann der Anwalt gegen seinen Mandanten eine strenge Ermittlung durchführen – und später wieder vertrauensvoll mit ihm zusammenarbeiten? Im Falle des Syndikusanwalts ist Mandant natürlich das Unternehmen, während Ermittlungen gegen bestimmte Mitarbeiter gerichtet sind. In der Praxis ist diese Differenzierung aber häufig verschwommen, der Syndikusanwalt somit in einer delikaten Situation. Sind in einer Rechtsabteilung mehrere Syndikusanwälte vorhanden, so wird man eine organisatorische Trennung der Beratungs- von der Ermittlungszuständigkeit vornehmen. Außerhalb des strafrechtlichen Bereichs hat es sich aber auch bewährt, gerade den beratenden Syndikusanwalt mit der Ermittlung zu betrauen, weil er das Vertrauen sowohl der ermittelnden Geschäftsleitung als auch des Beschuldigten genießt.

Die Zahl der **Quellen für Fehler**, die zu enttäuschten Mandantenerwartungen führen, ist groß, dahinter mag sich eine noch größere Zahl von unzufriedenen Mandanten verbergen. Angesichts der oben geschilderten Auswirkungen von Zufriedenheit und Unzufriedenheit der Mandanten, ist hier kein Raum für selbstgefällige Aussagen wie: „Warum sollten unsere Mandanten unzufrieden sein; es beschwert sich doch kaum einer!". Denn nur ca. 15 % aller unzufriedenen Kunden beschweren sich. Das ist ein gesicherter Erfahrungswert aus dem Marketingbereich[12] – und nichts begründet die Annahme, daß sich Mandanten gegenüber ihrem Anwalt anders verhalten.

Was also kann die Kanzleiführung tun? Zunächst sollte sie darüber nachdenken, wie sie etwas über die Zufriedenheit der eigenen Mandanten erfährt. Ein erster Schritt ist die Einrichtung eines **Mandantenbeschwerde-Systems**, wie dies z. B. auch das englische PMS-Modell vorsieht[13]. Ein solches Beschwerdesystem basiert als einfaches System zunächst auf einer Erfassung aller schriftlichen Beschwerden von Mandanten. Viele Mandanten „beschweren" sich aber auch beiläufig, z. B. am Telefon gegenüber der Sekretärin und hüllen dies möglicherweise auch noch in die Form einer Frage, wie: „Dauert das denn noch lange bis zum Gerichtstermin?". Bei der Erfassung auch solcher mündlicher Beschwerden, oder besser Hinweise, besteht die Gefahr über das Ziel hinauszuschießen und das Anliegen von TQM zu überladen. Andererseits werden sich manche Mandanten überhaupt nur mündlich äußern. Eine schnelle Einschätzung und Selektion von Mandantenäußerungen nach ihrer Relevanz wird man deshalb nicht vermeiden können; Fingerspitzengefühl ist hier gefragt.

---

12 Krämer/Mauer, BRAK-Mitt. 1/1996, S. 26 (Fn. 19).
13 Gliederungspunkt F 11.

Vor allem ist aber Ehrlichkeit aller Beteiligten und ein positiver Ansatz gefordert. Volle Akzeptanz innerhalb(der Kanzlei ist nur dadurch zu erreichen, daß Beschwerden als kostenlose Erkenntnisquelle für Fehler und hervorragender Ansatz für Qualitätsverbesserungen angenommen werden. Schuldzuweisungen („Sie haben den Mandanten verärgert!") sind unbedingt zu vermeiden, sie können das ganze (Beschwerde-) System zum Scheitern bringen. Es geht hier allein darum, Fehlerquellen zu beseitigen, um Wiederholungen zu vermeiden.

Legen Sie also einen **Ordner** an, aber nicht mit der Bezeichnung „Mandantenbeschwerden". Das motiviert die Kanzleimitglieder zwar den Umfang des Ordners klein zu halten, schärft aber nicht das Ohr für Hinweise auf Unzufriedenheit bei Mandanten, wenn diese nicht ganz massiv vorgebracht werden. Wählen Sie den positiven Ansatz, nennen Sie den Ordner „Verbesserungsvorschläge" oder, wenn Ihnen das zu schönfärberisch erscheint, „Beschwerden und Verbesserungsvorschläge". Signalisieren Sie also bereits hier, daß jede Beschwerde im Ansatz ein Verbesserungsvorschlag ist (jeder Fehler nur einmal!). Das alles gilt übrigens in gleicher Weise für interne „Beschwerden" von Anwälten und Mitarbeitern.

Das Beschwerde-"Management" beginnt mit der Antwort auf die Beschwerde, denn mit dem Sammeln der Beschwerden/Hinweise ist es nicht getan. Jede Antwort sollte in einer systematischen, gleichförmigen Weise, z. B. durch einen Seniorpartner erfolgen, und zwar unverzüglich und in sachlich angemessener Weise.

Soweit der Grund der Beschwerde nicht auf einem Fehler, sondern auf einem Mißverständnis beruht, ist dieses auszuräumen, denn auch hierbei handelt es sich um einen Fehler im weiteren Sinne. Lag ein Fehler vor, sollte in jedem Fall die Ursache erforscht und wenn irgend möglich beseitigt werden.

Mandantenzufriedenheit

Der Grund des Fehlers und seine Beseitigung sollten in dem angelegten Ordner bzw. der angelegten Datei dokumentiert und aufgearbeitet werden. So schafft man gleichzeitig einen Anreiz zur Beseitigung und damit zur Vermeidung von Wiederholungen dieses Fehlers und darüber hinaus eine objektive Größe, für die Zufriedenheit der Mandanten, nämlich die Anzahl der Beschwerden je 100 Mandate. Außerdem können Sie nach einiger Zeit eine Erfolgsliste vorweisen – ein gutes Motivationsinstrument.

Der Ordner „Beschwerden und Verbesserungen" kann auch als Basis für ein sog. **Jahresgespräch** dienen. Dieses führt der Anwalt mit seinem Mandanten, bzw. ausgewählten Mandanten, um die Arbeit seiner Kanzlei zu besprechen, einerseits mit dem Ziel, Verbesserungspotentiale zu erfahren, andererseits aber auch ihnen die Palette sonstiger Dienstleistungen der Kanzlei nahezubringen („cross selling"). Unter beiden Aspekten wird über die Ergebnisse solcher Gespräche Erstaunliches berichtet.

Ein weiterer Schritt ist eine periodisch durchzuführende schriftliche **Selbsteinschätzung** jedes Kanzleimitgliedes hinsichtlich der Orientierung am Mandanteninteresse, ein Muster findet sich in Anlage 10. Die Methode der periodischen Selbsteinschätzung ist natürlich auch geeignet Fortschritte festzustellen. Ehrliche Antworten können Sie erwarten, wenn die Selbsteinschätzung streng anonym ausgewertet wird und wenn Sie deutlich machen, daß Ihnen das Mandanteninteresse ein ernstes Anliegen ist: das Auswertungsergebnis muß den Kanzleimitgliedern also auf einer gemeinsamen Sitzung mitgeteilt und offen diskutiert werden; ein Plan für die Beseitigung erkannter Defizite sollte als Konsequenz aufgestellt und seine Durchführung periodisch und kanzleiöffentlich überprüft werden. Selbstverständlich ist die Selbsteinschätzung „Chefsache" ebenso wie die nun zu erörternde Mandantenbefragung.

Wenn Ihre Kanzlei über diese ersten Schritte hinausgehen will und ein umfassendes Bild über die Meinung der eigenen Mandanten erlangen möchte, ist die Befragung der Mandanten geboten[14]. Die **Mandantenbefragung** dient natürlich in erster Linie dazu, sich ein zutreffendes Bild über die Erwartungen der Mandantschaft an die Kanzlei und den Grad der Erfüllung dieser Erwartungen zu machen. Gleichzeitig dient sie aber dazu, dem einzelnen Mandanten vor Augen zu führen, wie ernst seine Erwartungen und Wünsche von der Kanzlei genommen werden; insoweit ist die Befragung auch ein „Marketinginstrument".

Eine Mandantenbefragung kann jede Kanzlei ohne externe Hilfe durchführen. Aus Antworten auf Standardfragebögen, wie aus dem Muster in Anlage 11 ersichtlich, erhält die Kanzlei rasch ein Bild über notwendige Verbesserungen in der Kanzlei. Bei der Durchführung einer solchen Fragebogenaktion ist darauf zu achten, daß sie systematisch abläuft. Noch wichtiger ist, daß sie nicht dazu mißbraucht wird, um „Personalpolitik" zu betreiben. Das oben beim Thema „Beschwerden und Verbesserungen" zu Schuldzuweisungen Gesagte gilt auch hier. Sind in einer Kanzlei mehrere Anwälte tätig, dann soll die Befragung z. B. nicht auf einen oder mehrere Anwälte beschränkt werden, d. h. nur deren Mandanten werden schriftlich befragt. Vielmehr ist eine Auswahlstichprobe über die gesamte Mandantschaft der Kanzlei zu erheben. Dann ist der Befragungszeitraum festzulegen. So kann z. B. ein Anfangsstichtag festgelegt werden. Ab diesem Stichtag

---

14 Vgl. umfassend: Krämer/Mauer, Fragebogen zur Mandantenfindung und -bindung. Ein Praxisbericht zur Marktforschung durch Anwaltskanzleien. BRAK-Mitt. 4/1996, S. 141 ff.

werden dann alle ausgewählten Mandanten angeschrieben, die ab diesem Stichtag die Abschlußkostennote erhalten haben, z. B. eine Woche nach Versenden der Abschlußkostennote. Es kann dann entweder ein weiterer fester Stichtag für den Abschluß der Befragung festgelegt werden oder der Umfang der Fragebogenaktion wird an eine bestimmte Anzahl von Mandanten, z. B. 100 Mandanten, geknüpft. Die Erhebungsgruppe sollte jedoch mindestens bei 75 Befragten liegen, da bei einer zu erwartenden Rücklaufquote von 40–50% sonst keine repräsentative auswertbare Antwortmenge (mindestens 30) vorliegt. Sinnvoll ist erfahrungsgemäß eine Nachfaßaktion in kurzem Zeitabstand, bei der den Befragten ihre Vorteile von der Fragebogenaktion nochmals vor Augen geführt werden.

Die Auswertung der Fragebögen ist einfach, wenn man aus den angekreuzten Antworten jeweils die „Durchschnittsnoten" ermittelt. Wenn man die Ergebnisse auswertet, hat man eine gegenwärtige Bewertung der Mandanten in bezug auf die Gesamtkanzlei. Das Herunterbrechen dieser Bewertung auf den einzelnen Anwalt gehört nicht zum TQM; das ist gegebenenfalls ein gesondert durchzuführendes Projekt.

Es geht nicht nur um die Gewinnung von Erkenntnissen über die Einschätzung durch die Mandantschaft. Sinn der Befragung ist es insbesondere, Ansätze zur Qualitätsverbesserung zu gewinnen; zum einen um zu erfahren, worin Mandanten Qualität überhaupt sehen, und zum andern, wo sie vor diesem Hintergrund Mängel sehen. Je nach Gestaltung der Umfrage kann man diese auch zum Anlaß konkreter Mandantengespräche nehmen, damit diese sich mit ihren Hinweisen ernst genommen sehen.

Auch das Ergebnis der Mandantenbefragung sollte „kanzleiöffentlich" mitgeteilt und diskutiert werden, ein Plan für die Beseitigung gerügter Mängel sollte aufgestellt und periodisch überprüft werden. Nur wenn alle Kanzleimitglieder einbezogen werden, wird sich hinreichend Motivation und Durchhaltekraft finden, die gewonnenen Erkenntnisse permanent umzusetzen.

Wiederholt man die Befragung nach einem gewissen Zeitraum, z. B. nach einem Jahr, so werden die – hoffentlich positiven – Veränderungen aus Sicht der Mandanten sichtbar. Bei der Auswahl der teilnehmenden Mandanten und des Wiederholungszeitraums ist auch darauf zu achten, daß die Mandanten nicht überfordert werden: manche Großunternehmen arbeiten mit einer größeren Zahl von Kanzleien auf den verschiedensten Gebieten zusammen; da können Fragebögen auch eine Plage werden. Trotzdem: Aus TQM-Sicht ist die Mandantenbefragung eine naheliegende Sache und sollte gerade bei den besonders wichtigen Mandanten unbedingt von Zeit zu Zeit durchgeführt werden. Wer es – auch mit Blick auf die Akzeptanz und Wirkung bei den befragten Mandanten – besonders professionell machen will, mag ein Marktforschungsunternehmen beauftragen.

In vielen Kanzleien wird die Idee einer Mandantenbefragung zunächst auf mehr oder weniger vehemente Ablehnung stoßen. Abgesehen davon, daß sich solche Befragungen auch für kanzleiinterne Vergleiche von Anwälten eignen (was natürlich nicht das Ziel ist, obwohl es eigentlich konsequent wäre, auch insoweit den „Fakten" ins Auge zu blicken), scheut die Kanzleiführung auch insgesamt vor einem möglicherweise negativen Gesamturteil oder auch davor zurück, „die Mandanten auf dumme Gedanken zu bringen", d. h. diese auf die Möglichkeit des Forderns von zusätzlichen Leistungen hinzuweisen. Natürlich haben solche **Ängste** einen zutreffenden Kern. Mit der Abfrage bestimmter Punkte signalisieren Sie zugleich, daß Sie hier besondere Qualität bieten wollen; das ist ja auch ein gewünschter Marketing-Nebeneffekt. Wenn die Qualität dann nicht gebracht wird, brauchen Sie natürlich eine gute Erklärung. Sich deshalb im Fragebogen nur auf solche Punkte zu konzentrieren, bei denen man sicher ist, sie realisieren zu können, ist dennoch übervorsichtig. Letztlich halten solche Einwände einer sachlichen Kritik nicht stand; in aller Regel ist das Echo positiv. So wird hinsichtlich der Angst, Mandanten könnten erst durch die Befragung zu irrationalen Anforderungsprofilen gegenüber der Kanzlei gelangen, aus Holland berichtet[15], daß die dortige Einführung von TQM mit einer von der holländischen Anwaltsorganisation subventionierten Befragung durch zwei Kanzleien zu „entwarnenden" Ergebnissen geführt hat: Die Mandanten hatten eine wesentlich realistischere Einstellung über anwaltliche Qualitätsmerkmale als erwartet. Es wurde nicht von einem guten Rechtsanwalt erwartet, daß er eine optimale juristische Beratung innerhalb kürzester Zeit zu einem „Spottpreis" erbringt; die Anforderungen waren vielmehr von durchaus realistischen Einschätzungen geprägt.

Jedem Anwalt ist die Wahrheit, und wenn es auch die nur subjektive Wahrheit aus Sicht seiner Mandanten ist, durchaus zumutbar. Anwälte sollten keine „Vogel-Strauß-Politik" betreiben, sondern sich offener und ehrlicher Kritik dankbar und aufrichtig stellen. Dies muß insbesondere für solche Rechtsanwälte gelten, die sich selbst für gute Anwälte halten. Es gibt keinen Grund, das Lob der eigenen Mandanten durch Mutmaßungen über deren Meinung zu ersetzen. Mandanten sind solchen Befragungen durch Rechtsanwälte auch im Zweifel positiv gegenüber eingestellt insbesondere, wenn sie davon ausgehen, daß sie selbst Vorteile von der Aktion haben werden.

---

15 Diese Information beruht auf einem Gespräch von DAV-Vorstandsmitgliedern mit Mitgliedern des Nederlandse Orde van Advocaten, Mitte 1995.

Auch die Kosten einer Befragung – Kopierkosten für die Fragebögen nach dem vorliegenden Muster, Portokosten und Zeitaufwand des Durchführenden – sind kein ernsthafter Hinderungsgrund einer solchen Befragung. Wenn Sie diese Kosten in Relation zu den Kosten des „Guten Rufes" bzw. des Images Ihrer Kanzlei setzen, den bzw. das sie durch Beseitigung von Fehlern verbessern können, dann werden Sie am Sinn einer solchen Befragung nicht lange zweifeln.

Was setzt TQM diesbezüglich voraus?

Nach den Kriterien des Europäischen Qualitätspreis-Modells sind aufzuzeigen:

- die Beurteilung bezüglich der Produkte, Dienstleistungen und Kundenbeziehungen der Organisation durch die Kunden;
- die Entwicklung zusätzlicher Meßgrößen, die die Zufriedenheit der Kunden der Organisation beschreiben.

Diese Anforderungen werden dann von einer Kanzlei erfüllt, wenn sie sich selbst ein System schafft, daß sowohl ein Beschwerde-Management umfaßt, als auch ein Mandanten-Befragungssystem.

Was setzt ISO 9001 diesbezüglich voraus?

ISO 9001 stellt keine diesbezügliche Anforderung auf (abgesehen davon, daß es bei ISO 9000 ff. allgemein um die Vermeidung von Fehlern und ihre Auswirkung auf den Kunden geht und Normelemente 4.3 „Vertragsprüfung" indirekt die Feststellung der Mandantenerwartung anspricht).

Was muß die Kanzlei tun, um eine Mandantenorientierung im TQM zu erreichen?

1. Erkennen der jeweiligen **Mandantenerwartungen**. Das bedeutet vor allem zuhören können. Geben Sie Ihrem Mandanten immer das Gefühl, daß sein Fall für Sie wichtig ist. In die Mandats-Akte gehören Vermerke zu den konkreten Mandantenerwartungen (z. B. im Hinblick auf die jeweilige Intensität der Beratung, laufende Information evtl. verbunden mit zusätzlichen Kosten). Diese dienen der Eigenkontrolle des das Mandat bearbeitenden Anwalts ebenso wie für einen eventuellen Vertreter. Syndikusanwälte als Mandanten haben ein schärferes, aber nicht grundsätzlich anderes Anforderungsprofil als andere Mandanten.
2. **Aufklärung** des Mandanten über Kosten und Risiken des jeweiligen Mandats. Das Einschätzen sowohl der Kosten des Falles wie der tatsächlichen und rechtlichen Risiken sollte jeder Rechtsanwalt beherrschen.
3. **Mandatsbegleitende Kontrolle** der Mandantenerwartungen. Mandanten ändern zuweilen ihre Erwartungshaltung. Darauf muß man sich einstellen; hier ist wieder zuhören können gefragt.
4. Nehmen Sie **Hinweise** und Beschwerden Ihres Mandanten ernst und lassen Sie ihn das merken. Streiten Sie sich nicht mit Ihrem Mandanten. Kritik von Mandanten sollte nicht als persönliche Kritik aufgefaßt werden, sondern als sachliche Erkenntnisquelle, die der Vermeidung von Wiederholungsfehlern dient.
5. Schaffen eines **Beschwerde-Managements**. Sammeln und Auswerten von Hinweisen und Beschwerden.
6. Führen Sie **Mandanten-Befragungen** durch; zumindest durch Jahresgespräche. Schaffen eines Mandanten-Befragungssystems; kanzleiöffentliche Diskussion der Ergeb-

nisse; Plan zur Beseitigung von Mängeln erstellen und periodisch überprüfen.

Kapitel 7: Gesellschaftliche Nutzenstiftung[1]

In der Einleitung wurde die gesellschaftliche Relevanz der anwaltlichen Tätigkeit angesprochen. Oft wird in diesem Zusammenhang das gesetzliche Leitbild des Anwalts als einem „Organ der Rechtspflege"[2] betont. Der Mitwirkung an der Rechtspflege und der Mitwirkung bei der Verwirklichung und Vollziehung des Rechts entspricht die Vorstellung einer gesellschaftlichen Nutzenstiftung. Diese kann auch über die eigene eigentliche Tätigkeit der Praxis hinausgehen, indem sich beispielsweise die Praxis für öffentlich förderungswürdige Ziele einsetzt.

Dieser Aspekt tritt im Alltag angesichts der in der Kanzlei konkret zu bewältigenden laufenden Aufgaben und Probleme durchweg in den Hintergrund. Für das TQM-Konzept ist jedoch die Bestimmung der Rolle der Kanzlei in der Gesellschaft, ob und welche Beiträge sie über ihre eigene Tätigkeit hinaus erbringen will, ebenfalls eine zu umschreibende Aufgabe. Es handelt sich um die Bestimmung der Rolle der Kanzlei innerhalb der Gesellschaft. Dabei geht es in erster Linie nicht um Werbemaßnahmen für die Kanzlei, sondern darum, daß die Kanzlei sich ohne unmittelbaren Werbeeffekt und Werbenutzen für öffentlich förderungswürdige Zwecke einsetzt.

Bereits in der Einleitung wurde ein Aspekt des anwaltlichen Daseins angesprochen, auf den viele Rechtsanwälte einerseits unter Betonung des gesetzlichen Bildes als einem „Organ der Rechtspflege" großen Wert legen, der andererseits im Alltag

---

1 Die gesellschaftliche Nutzenstiftung ist ein eigenständiges Kriterium im Modell des European Quality Award. Vgl. hierzu: Zink, TQM als integratives Managementkonzept, S. 203 ff.
2 Vgl. hierzu: Feuerich/Braun, BRAO-Komm., 3. Aufl. 1995, § 1, Rz. 3 ff.

angesichts der in der Kanzlei zu bewältigenden Aufgaben und Probleme in den Hintergrund tritt: Es handelt sich um die Rolle der Kanzlei innerhalb der Gesellschaft.

Daß die Kanzlei ihre Aufgabe in und gegenüber Staat und Gesellschaft zu bedenken und beachten hat und dies sogar als ein Kanzleiziel definieren kann, wurde bereits in Kapitel 1[3] ausgeführt. Dieses Kapitel will die Kanzleiführung auf die Ergebnisse ihres bisherigen Wirkens aus Sicht der Gesellschaft aufmerksam machen und zu Verbesserungen anregen.

Der Ansatz ist dem Anwalt, – im Gegensatz zu vielen gewerblichen Unternehmen[4] – wie schon erwähnt, nicht neu: Die Nutzenstiftung einer Kanzlei für die Gesellschaft verkörpert sich in einem intersubjektiven Meinungsspektrum, welches gemeinhin als „Der gute Ruf des Anwalts" bekannt ist. Dieser „Ruf", das Bild oder auch „Image" des einzelnen Anwaltes oder einer Kanzlei „wächst" und verändert sich im Lauf der Zeit. Dabei wird sich der gute Ruf zumeist nicht auf eine fachliche Einschätzung beschränken, sondern in das Bild vom guten oder schlechten Anwalt aus Sicht der Gesellschaft fließen natürlich auch die außerfachlichen Leistungen, wie soziales und politischen Engagement usw, mit ein.

Um diese nichtjuristischen Leistungen einer Kanzlei soll es hier insoweit gehen, als diese für die Gesellschaft einen identifizierbaren Nutzen bringen, unabhängig davon, ob dieser Nutzen in gleichem Maße auch der Kanzlei selbst Vorteile bringt. Kurz: Es handelt sich um das gesellschaftliche Engagement der Anwälte und der Kanzlei. Dieses kann von der Kanzlei als ganzem ausgehen, z. B. durch Veranstaltungen zugunsten eines

---

3 S.o. S. 27 f.
4 Moderne Marketingansätze fassen diese gesellschaftliche Nutzenstiftung unter den Begriff des wohlfahrtsbedachten Marketingkonzeptes. So z. B. Kotler/Bliemel, Marketing-Management, 8. Aufl. 1995, S. 40 ff.

guten Zwecks, durch kostenlose Informationen für Rechtssuchende, Förderung von Künstlern, Beschäftigungsförderungsprogrammen[5], Einsetzen von Stiftungen, Ausloben von Preisen, Sponsoring oder ganz einfach durch Spenden. Aber auch der einzelne Anwalt wird das Image der Kanzlei zum Nutzen der Gesellschaft fördern. Maßnahmen sind: Übernahme von Ehrenämtern und sonstiger persönlicher Einsatz in beruflichen und außerberuflichen Verbänden, kirchlichen oder caritativen Einrichtungen, Vereinigungen zur Wahrung der Menschenrechte, die Förderung von Kunst, Wissenschaft und Kultur durch Tätigkeit an Hochschulen oder in kulturellen Einrichtungen usw.

All dies sind „gute Taten", die in diesem Kontext nicht nur aus persönlichen Gründen vollbracht, sondern aus Sicht der Kanzlei als ganzem betrachtet werden sollen. Die Kanzleiführung sollte auch hierbei darauf achten, daß nicht jeder einzelne unkoordiniert soziale Taten vollbringt (was jedem unbenommen bleibt), sondern daß die Kanzlei ein geschlossenes Konzept verfolgt. Da die Möglichkeiten, „Gutes" zu tun, schier unerschöpflich sind und manchmal eher über das Ziel hinausschießen, sollten Sie als Kanzleiführung die nachfolgenden Punkte beachten:

1. Verfallen Sie nicht, sobald ein Kanzleimitglied eine Idee geäußert hat, in blinden Aktionismus (vom Kinderfest bis hin zur Gründung einer Stiftung mit mehreren Angestellten);
2. Motivieren Sie alle Anwälte der Kanzlei, sich fachlich oder außerfachlich außerhalb der Kanzlei zu engagieren;
3. Diskutieren Sie im Kreis aller Anwälte Möglichkeiten zur gesellschaftlichen Nutzenstiftung. Einigen Sie sich

---

5 S.o.: Kapitel 3, Mitarbeiterführung und Mitarbeiterzufriedenheit.

auf wenige Punkte und bestimmen Sie die zuständigen Personen;
4. Besprechen Sie den finanziellen Aufwand und die Arbeitszeit, legen Sie feste Zeitschienen fest und kontrollieren Sie die Erfolge mit der ursprünglichen Zielsetzung;
5. Vermeiden Sie politische Aktivitäten der Kanzlei (der einzelne Anwalt mag dies tun).[6]

---

[6] Feuerich/Braun, BRAO-Komm., 3. Aufl. 1995, § 1, Rz. 16 ff.

Kapitel 8: Einführung eines Qualitätsprogramms

Warum stößt die Einführung systematischer Qualitätsprogramme bei Anwaltskanzleien trotz überzeugender Argumente auf Schwierigkeiten und gelingt nur schwer im ersten Anlauf? Dies wird insbesondere aus den USA, die sich dem Thema seit Ende der 80-iger Jahre stellen, berichtet[1].

Anwälte haben gelernt, sich auf Bewährtes zu verlassen; Neuland ist ihre Sache normalerweise nicht. Wenn jedoch zunehmend bei der Frage nach dem Preis-Leistungsverhältnis der Hinweis auf die BRAGO nicht mehr genügt, Beschwerden und Haftungsfälle zunehmen und innerhalb der Sozietäten die Kostenquote kontinuierlich ansteigt, Unzufriedenheit mit archaischen Abläufen, Organisationsmängeln, Umsatzdruck und überkomme Gewinnverteilungsschemata wachsen und aus dem vergleichbaren wirtschaftlichen Umfeld Verbesserungskonzepte an die Kanzleien herangetragen werden, dann entsteht **Änderungsdruck**. Trotz allem scheinen Anwälte in besonderem Maße an allem zu hängen, was sie sich in den ersten Berufsjahren – aus welchen Gründen auch immer – angewöhnt haben[2].

Beispiel 10: Die Sozietät Hell, Dunkel und Partner der Mittelstadt M ist vor wenigen Jahren aus einem Zusammenschluß zwischen der eingesessenen Kanzlei Hell & Coll. und der vergleichsweise jüngeren Sozietät Dunkel & Partner entstanden. Als die örtliche Zeitung berichtet, ihr Hauptwettbewerber sei dabei, sich vom TÜV als Qualitätskanzlei

---

1 J. Walker/B. Ciaramitaro, TQM in Action: One Firm's Journey Toward Quality, Veröffentlichung der American Bar Association; G. Vorbrugg, Liber Amicorum für Hans-Jürgen Rabe, hrsg. vom Deutschen Anwaltverein, 1995, S. 207 (217), N. Blodgett, Lawfirm Pioneers Explore New Territory, Quality Progress, August 1996, S. 90.
2 Vgl. auch Frey, Die Kluft zwischen Wissen und Handeln, SZ 28.9.1996, S. 801.

zertifizieren zu lassen, wurde beschlossen „etwas Ähnliches zu machen", um auf diesbezügliche Mandantenfragen eine Antwort zu haben. Der Juniorsozius, Dr. Qualis, dem die Thematik aus der Zusammenarbeit mit einer befreundeten ausländischen Kanzlei vertraut war, nahm sich als „Qualitätsbeauftragter" der Sache an und erstellte am Beispiel jener befreundeten Kanzlei innerhalb kürzester Zeit ein umfassendes „Hell + Dunkel Qualitäts-Handbuch", welches sofort auf vehemente Ablehnung stieß. Insbesondere die im Verkehrs- und Strafrecht angesehene Sozia Hannah Christina Sand nahm Anstoß daran, daß ihr angesonnen wurde, nunmehr statt des Diktatzeichens HCS künftig das Zeichen Sa zu verwenden und Mandanten nicht mehr am nächsten Tag, sondern innerhalb der jeweils nächsten Stunde zurückzurufen. Es half nichts, daß Dr. Qualis erklärte, das neue einheitliche Diktatzeichen würde Klarheit in das bisherige, eher zufällige System bringen, welches zu ständigen Rückfragen nach der Urheberschaft von Nachrichten, Schriftsätzen etc. führe, und Mandanten wären offenkundig bei schnellem Rückruf wesentlich zufriedener als bei Rückrufen irgendwann in den nächsten Tagen. Aber auch andere Sozien sahen ihre Routinen individueller Aktenführung, Abwesenheitsmeldungen u. dgl. in Frage gestellt und zeigten sich insbesondere von der Forderung nach Tageskopien des ausgehenden Schriftguts der Kanzlei konsterniert. Die Notwendigkeit der Beibehaltung bisheriger Verhaltensweisen begründeten sie nachhaltig mit ihrem jeweiligen Verständnis ihrer Stellung als Organ der Rechtspflege sowie damit, daß dies andere bekannte Anwälte auch so machten. Sie bestanden auf Belegen und Beweisen für die Notwendigkeit der Änderung gerade der ihnen wichtigen Routinen. Dr. Qualis, der Lob und Anerkennung für sein Handbuch erwartet hatte, war tief verletzt. Es kam zum endgültigen Bruch, in dessen Folge er die Kanzlei verließ und sich der Sozietät des Hauptwettbewerbers anschloß.

Hier wurden offensichtlich fundamentale Fehler gemacht. Es ist kaum möglich, einem gewachsenen Organismus wie einer Anwaltskanzlei ein neues Konzept quasi im „Hauruck" und von außen aufzustülpen. Grundvoraussetzung für Einführung eines Qualitätssystems ist, daß es von der Kanzleiführung, angestellten Anwälten und den nichtjuristischen Mitarbeitern von Anfang an mitgetragen wird. **Neuerungen** dürfen nicht von außen kommen; sie müssen von **innen** heraus entstehen. Änderungsbedarf muß auch von den Betroffenen erkannt werden. Nicht alles, was für die Kanzlei „A" einen Qualitätsfortschritt bedeutet, tut dies auch für die Kanzlei „B". Z. B. mag schnelles Rückrufen gerade der Klientel von Frau RAin Sand in der Tat kein Anliegen sein; im oberen Bereich der gedachten Sensibilitätskurve anwaltlicher Dienstleistungen angesiedelt („die" Strafverteidigerin!) ist bei ihr die Beachtung sog. anwaltlicher Sekundärtugenden vielleicht weniger von Bedeutung als im Bereich anwaltlicher Standardleistungen[3]. Im übrigen hat jede Kanzlei ihre eigene Kultur hervorgebracht, mit welcher ihre Mitglieder irgendwie zurechtkommen und welche zu ihrem Erfolg beizutragen scheint. Bewährtes zu ändern bedarf einer besonderen Begründung.

Neuerungen verunsichern zunächst einmal. Der einzelne fragt typischerweise nicht: was habe ich von ihnen zu gewinnen, sondern: was habe ich zu verlieren? Dies ist in Rechnung zu stellen, und jedem einzelnen ist plausibel zu machen, daß er mehr zu gewinnen als zu verlieren hat. Jeder Leser möge sich persönlich nach den Begründungen fragen, mit denen er nicht schon Änderungsvorschläge in seiner eigenen Kanzlei abgelehnt hat: Waren/sind es nicht zum guten Teil auch scheinrationale Vorwände dafür, die Dinge beim Alten zulassen?

---

3 Thomas/Vorbrugg, Total Quality Management, AnwBl. 1995, S. 273 (276 l. Sp.).

Vorstehendes gilt natürlich im Ergebnis auch in Industrieunternehmen (Rechtsabteilung!), bei denen die Einführung von TQM, hat sich die oberste Führung einmal entschieden, wesentlich leichter ist. Im Gegensatz zu diesen sind Anwaltskanzleien jedoch „flach", nicht hierarchisch organisiert. Sie werden von mehr oder weniger gleichberechtigten Sozien geprägt, denen ihre Unabhängigkeit, auch innerhalb der Sozietät, wichtig ist (§ 1 BRAO). Wer kennt nicht beispielsweise die Schwierigkeit durchzusetzen, daß Bücher nach Gebrauch stets wieder an ihren Platz zurückgestellt werden, um dem Nächsten Zeit (auf das Jahr und die Sozietät umgelegt kommt ein erhebliches Rationalisierungspotential zusammen) und Ärger zu ersparen? Im Industrieunternehmen stehen notfalls arbeitsrechtliche Instrumente zur Verfügung.

Anders auch als der Manager in einem gewerblichen Unternehmen ist der Anwalt Verkäufer, Produktionsleiter, Arbeiter, Buchhalter, Personalleiter und Organisationsberater in einer Person und hält sich in der Regel zu allem für gleich befähigt.

Zu dem vorstehend wiedergegebenem Beispiel gibt es ein für die Einführung von TQM nicht weniger zum Mißerfolg verurteiltes, aber gleichwohl verbreitetes Gegenmuster (Beispiel 11):

Die Kanzlei erfährt von TQM und beschließt, diesem Qualitätsverbesserungskonzept näherzutreten. Ein Sozius wird als Qualitätsbeauftragter bestimmt. Nach dem Studium von Fachliteratur hält er Sitzungen ab, auf denen er den TQM-Ansatz und das Ziel einer umfassenen Neuorientierung vorstellt. Die Präsentation wird von den anwesenden Anwälten und Mitarbeitern positiv aufgenommen; alle sind für Qualitätsverbesserung. Auf Folgesitzungen (Workshops) wird mal dies, mal jenes angegangen mit der Idee, auf diese Weise schlußendlich zu einem lückenlosen kanzleispezifischen Qualitätshandbuch mit Verfahrensanleitungen und Arbeitsanweisungen zu kommen. Jedoch: Nach anfänglicher Begeisterung oder zumindest der Einsicht in die Notwendigkeiten beginnt das Thema zu nerven. Widerstände nehmen zu, Gegenargumente häufen sich, die Zeitabstände zwischen Sitzungen („Schulungen") werden länger, und nach Jahr und Tag auf TQM angesprochen, kann die Kanzlei zwar auf einige Verbesserungen hinweisen, insgesamt hat sich die Sache jedoch totgelaufen, und es bleibt im wesentlichen beim alten („business as usual").

Bei diesem Ablauf wird zwar der Fehler vermieden, ein Schema von außen zu übernehmen (es gibt kein für jede Kanzlei gleichermaßen passendes Qualitätsschema!), und auch einzelne Verbesserungen (Insellösungen) sollen nicht gering geachtet werden. Was vorstehend die große Lösung („**Total Quality**") verhindert, ist das ungeplante Vorgehen (man soll allerdings auch die schon mit kleinen Schritten erreichbaren Verbesserungen anerkennen). Erforderlich ist zuallererst ein **klares Bekenntnis** der Kanzleiführung[4]. Mit voreiliger Delegation der Aufgabe an einen Sozius ist in der Regel das Scheitern vorprogrammiert. Der zweite Fehler besteht in der mangelnden Einführungsplanung. Am Anfang sollte ein **Konzept** stehen. Notwendig sind realistische Vorgaben vor dem Hintergrund der TQM-Philosophie: **Einzelschritte** mit zeitlichen Vorgaben. Verbesserte Stimmung, größere Mandantenzufriedenheit, Reduzierung unnötiger Arbeitsschritte, Vermeidung von Rückfragen und Wiederholung immer gleicher Einweisungen, Streßabbau und nicht zuletzt Vermeidung von Fristversäumnissen und anderen Fehlern sind eigentlich ausreichende Argumente, um die für den zeitlichen Aufwand und

---

[4] G. Wolf, Planung und Einführung von TQM, in: Adams/Wolf (Hrsg.), Qualitätsmanagement der Wertschöpfung, 1996, S. 241 (247).

für sich möglicherweise ergebenden Änderungen erforderliche Akzeptanz herzustellen.

Anwälte sind es gewohnt, sich auf kurzfristige Ziele zu konzentrieren, unter Zeitdruck zu arbeiten und Termine einzuhalten, **langfristige** Ziele demgegenüber jedoch vor sich herzuschieben. Auch dies ist in Rechnung zu stellen und so zu vermeiden, daß Qualität zum Lippenbekenntnis wird. Konkrete Umsetzung ist gefragt, und ihre Einhaltung zu überwachen, Fortschritte sind zu messen und kleine Schritte zu machen. Die Kanzlei soll sich nicht zu viel auf einmal vornehmen.

Beim Bemühen um systematische Verbesserung der Kanzleiqualität gelten abstrakte Modelle wenig, Hinweise eigener Mitarbeiter und Mandanten viel. Diese sind abzufragen. Der Anwalt muß zuhören, auch wenn dies normalerweise nicht seine Stärke ist.

Wer dies alles beherzigt und beschließt, seine Kanzlei „auf die Qualitätsschiene zu bringen", sollte über Führungseigenschaften verfügen. Dies ist nicht mit Charisma gleichzusetzen. Führen heißt im Kern „managen", und dies läßt sich lernen. Man muß etwas von dem verstehen, was man managed, um Kompetenz vermitteln zu können (vgl. „Fachautorität" – Kapitel 2).

Wer ein Qualitätsprogramm einführen will, kann bei seiner Überzeugungsarbeit nicht damit rechnen, bei allen Kanzleiangehörigen gleichermaßen auf **Akzeptanz** zu stoßen. Vielmehr wird er sich im wesentlichen drei Gruppen gegenübersehen: Den alsbald überzeugten schnellen Umsetzern, den Bremsern und der skeptischen Mehrheit. Erstere muß er „bei der Stange halten" und ihnen insbesondere die Notwendigkeiten nahebringen, keine zu ehrgeizigen Ziele in Angriff zu nehmen und zu schnell auf spektakuläre Ergebnisse zu setzen. Bremser zu gewinnen, ist aufreibend und hat kaum Erfolgsaussichten; bestenfalls lassen sie ihn und er sie gewähren. Entscheidend ist die skeptische Mehrheit, die mit kleinen, aber sichtbaren Fortschritten auf Dauer für ein allgemeines Qualitätsprogramm zu gewinnen ist.

Idealerweise besteht der erste der zeitlich abgestimmten **Schritte** in einer internen **Strategiesitzung**, in welcher die Kanzleiführung den Stellenwert von Qualität und überhaupt ihre Ziele (im einzelnen hierzu Kapitel 1) neu bestimmt. Mandanten- und Mitarbeiterbefragungen sollten alsbald folgen, um festzustellen, worin die Qualität der eigenen Tätigkeit gesehen wird und wo Verbesserungsansätze erkennbar sind. Im Rahmen einer **Bestandsaufnahme** (Ist-Analyse) ist auf das einzugehen, was in Einzelbereichen der Kanzlei in welcher Weise von wem wie gehandhabt wird (Mandatsannahme, Telefonzentrale, Beschaffungen, Aktenführung, Vertreterregelung, Empfehlung von Korrespondenzanwälten etc., etc.). Hierbei wird sich unmittelbar Verbesserungspotential im Sinne einer neuen Kanzleiphilosophie ergeben. Im weiteren, zeitlich geplanten Verlauf, geht es parallel zu regelmäßigen **Schulungen** (Einüben, Überprüfung u. dgl.) um weitere Verbesserungen (den gleichen Fehler nur einmal!), Vervollständigung und Vernetzung bisheriger „Insellösungen" mit dem Ziel ihrer Zusammenführung zu einem einheitlichen **Handbuch** nebst Verfahrensanleitungen und Arbeitsanweisungen.

Wichtig ist der Stil des Vorgehens. Anstelle eines direktiven Führungsstils (die Kanzleispitze allein darf Fragen stellen und Themen festlegen) oder der Harmonienorm der vorgefaßten Meinung („So hat es doch bisher – schlecht und recht – geklappt. Warum ändern?") ist demokratischer Stil und Lernen aus Fehlern gefragt (alles kann hinterfragt werden, niemand ist perfekt und Fehler – als Quelle ständiger Verbesserung bei Vermeidung von Wiederholungen – sind erlaubt.[5]).

Für die Erstellung des **Qualitäthandbuchs** gilt: Nehmen Sie einen gedachten, neu eintretenden Mitarbeiter oder neue Mitarbeiterin ins Auge! Ihnen soll künftig die sofortige Einarbeitung und völliges Kennenlernen der gesamten Kanzlei und ihrer Arbeitsweise so ermöglicht werden, daß sich Rückfragen erübrigen – auch wenn eine solch unfreundliche „Begrüßung" und Einweisung in der Realität sicher nicht zum Standard einer „TQM-Kanzlei" gehören wird –. Oder Sie lassen sich von der Vorstellung leiten, das Handbuch müsse eines Tages dazu dienen, einen den eigenen Qualitätsanspruch bestreitenden Wettbewerber zu widerlegen oder potentielle Mandanten von der eigenen Qualitätsaussage zu überzeugen. Tatsächlich wird man möglicherweise später einen Auszug fertigen, der sich auch zur Vorlage an Mandanten eignet, oder besser noch: das Handbuch selbst, das auch Außenstehenden vorgelegt werden kann, wird knapp gehalten und die – zum Teil sensitiven – Details in die **Verfahrensanleitungen** und **Arbeitsanweisungen** verlegt.

Haben Sie Mut! Es führen viele Wege nach Rom, und dieser Leitfaden wurde so angelegt, daß er ausreicht, jeder Kanzlei ohne weiteres das Beschreiten eines eigenen Qualitätspfades zu ermöglichen, die einen in kleinen, die anderen in großen Schritten. Wichtig ist, nicht stehenzubleiben oder vom Pfade abzukommen.

Wer sich bei alldem dennoch überfordert fühlt, mag sich einer **Außenberatung** bedienen. Dies nicht nur, weil ein guter Außenberater vieles besser weiß und über größere Erfahrung und Techniken im Moderieren von TQM-Sitzungen

---

5 Frey u. a., Die Kluft zwischen Wissen und Handeln, SZ vom 28.09.1996.

und -Schulungen verfügt, sondern auch, weil Anwälte nun einmal autoritätsgläubig sind und dem Propheten im eigenen Hause mißtrauen. Externe Experten haben auch den großen Vorteil, daß implizite Annahmen, welche innerhalb einer Kanzlei als selbstverständlich vorausgesetzt werden, von ihnen nicht mitvollzogen und kritisch hinterfragt werden können[6]. Hinzukommt, daß ein professioneller Berater Geld kostet, womit den ihn bezahlenden Sozien am spürbaren Erfolg ein zusätzliches Interesse erwächst. Das Beharren in bisherigen Verhaltensmustern entgegen besserer Einsicht hat eine Reihe psychologischer, auch gruppen-psychologischer Gründe, so daß ein solcher externer Berater auch mit entsprechenden Einsichten und Hilfsmitteln dieser Art vertraut sein sollte[7].

An dieser Stelle nochmals zur **ISO-Zertifizierung**. Auch wenn eine ISO-Zertifizierung einer Anwaltskanzlei aus mancherlei im vorstehenden Leitfaden angedeuteten Gründen zu hinterfragen ist, hat sie doch den Vorteil, jedenfalls das Qualitätsthema beim Komplex Kanzleiabläufe „in den Griff" zu bekommen. Mit der Beauftragung eines Zertifizierungsberaters, jedenfalls aber eines Zertifizierers, übernimmt die Kanzlei nicht unerhebliche Kosten, setzt Zeitabläufe in Gang und unterwirft sich Vorgaben Dritter, denen sich der einzelne Anwalt nicht mehr so leicht entziehen kann; auch winkt der Kanzlei am Ende die motivierende Bestätigung, daß ihre Büroabläufe für ordnungsgemäß dokumentiert und ihre Umsetzung für normgemäß befunden wurden, und dies alles nach einem etablierten, in der gewerblichen Wirtschaft eingeführten Regelwerk. Es ist dann Sache der Kanzlei, anläßlich der Festlegung ihrer Abläufe mehr zu tun, als von den ISO-Normen gefordert wird, wenn sie schon die damit verbundene Kostenlast und nachfolgende Bürokratie auf sich nimmt, und ISO-Zertifizierung

---

6 Frey, Die Kluft zwischen Wissen und Handeln, SZ vom 05.10.1996.
7 Frey, Die Kluft zwischen Wissen und Handeln, SZ vom 05.10.1996.

nicht mit TQM zu verwechseln, sondern die ISO 9000 ff als einen möglichen, wenn auch umständlichen und aufwendigen Einstieg zu begreifen[8].

Zu warnen ist jedoch vor denen, die ein fertiges Handbuch zum Abschreiben oder Anpassen – gegen Gebühr, versteht sich – zur Verfügung stellen: Keine Kanzlei ist wie die andere, und was auf Kanzlei A paßt, muß sich noch längst nicht für Kanzlei B eignen. Wichtiger aber ist: Durch Übernahme eines fremden Handbuchs findet nur scheinbar, jedenfalls nur temporär Qualitätsverbesserung statt. Entscheidend ist, daß etwas nicht von außen konzipiert, sondern von **Innen** heraus entsteht, akzeptiert, gelebt und fortentwickelt wird. In diesem Sinne gilt auch für TQM: Der Weg ist das Ziel!

Es mag richtig sein, wenn gesagt wird, Unternehmenskonzepte kämen und gingen und vieles scheinbar Neue sei in Wahrheit alter Wein in neuen Schläuchen. Aber der alte Wein muß erstmal gekostet werden! Bei TQM als Führungskonzept einer Anwaltskanzlei ist insbesondere die Sichtweise („Philosophie") und besondere Betonung neu. Wer sich mit ihr ernsthaft befaßt, wird unweigerlich feststellen, daß sie nicht nur tagtäglich Kosten und Zeit spart, Haftungsfälle vermeidet, Mandantenzufriedenheit steigert, das Sozietätsklima entspannt, Streß vermindert und beruflichen Erfolg bringt: Qualität macht einfach auch Spaß!

---

8 A. Niehoff, Von QM zu TQM – in der Praxis, in H. Adams/G. Wolf (Hrsg.), Qualitätsmanagement der Wertschöpfung, 1996, S. 65.

Anhang

Anlage 1

DAV-Vorstandsbeschluß vom 18.02.1997

1. Das geeignete System für eine Qualitätssicherung einer Anwaltskanzlei ist TQM.
2. Die Umsetzung von TQM erfordert keine Zertifizierung.
3. Die Zertifizierung ist aber in geeigneter Anreiz, die erheblichen Anstrengungen für die Schaffung eines anwaltlichen Qualitätsmanagements, das jede Anwaltskanzlei braucht, auf sich zu nehmen und dadurch eine weitere Qualitätssteigerung des anwaltlichen Leistungsgebotes zu erreichen.
4. Deshalb und weil schon heute in der Anwaltschaft eine entsprechende Markterwartung bei einer Reihe von Anwaltspraxen aller Größen besteht, sollte die Möglichkeit einer Zertifizierung eröffnet werden. Es ist dann Sache der freien Entscheidung jeder Anwaltskanzlei zu prüfen, ob sie dieses Leistungsangebot annimmt oder andere Wege in Richtung auf eine Qualitätssteigerung unternimmt.
5. Die Anforderung an Qualitätssicherung anwaltlicher Leistungen und die Festlegung von Mindeststandards dürfen nicht von Berufsfremden vorgegeben werden. Dies ist Sache der Anwaltschaft selbst, nicht von Trägern, die zertifizierend auch im gewerblichen und wirtschaftlichen Bereich tätig sind. Deswegen begrüßt der DAV, daß der Anwaltverlag ein auf die anwaltliche Arbeit maßgeschneidertes Zertifizierungshandbuch erstellt hat und durch einen anwaltlich besetzten Lenkungsausschuß die Zertifizierung ständiger anwaltlicher Kontrolle unterwerfen will.

Anhang

6. Es bleibt aber unbestritten, daß die Qualität der gedanklichen juristischen Arbeit des Anwalts sich jeder genormten Qualitätskontrolle entzieht.
7. Jeder, der sich für eine Zertifizierung seiner Kanzlei entscheidet, muß wissen, daß die vom Anwaltverlag erarbeiteten Anforderungskataloge sich nur mit dem Verfahren der Erarbeitung von Kanzleizielen und der Darstellung von Arbeitsabläufen befassen. TQM ist hingegen umfassender. TQM befaßt sich auch mit Kanzleiführung, Mitarbeiterorientierung und Mitarbeiterzufriedenheit, der Herbeiführung der Herbeiführung und Sicherung von Mandantenzufriedenheit und der von uns Anwälten im Rechtsstaat erwarteten gesellschaftlichen Nutzenstiftung. Auch die zertifizierte Kanzlei darf also niemals stehenbleiben. Sie muß nicht nur die Gegenstände der Zertifizierung ständig weiterentwickeln, sondern auch große Anstrengungen in den genannten weiteren Bereichen von TQM unternehmen.
8. Der Leitfaden des DAV-Ausschusses für Total Quality Management bietet demgemäß für diejenigen, die den Weg der Zertifizierung nicht gehen wollen, ebenso wie für die, die sich zertifizieren lassen, einen gelungenen Einstieg zum Verständnis des von jedem pflichtbewußten Anwalt zu erwartenden, für jeden Anwalt im Interesse seiner Zukunftssicherung aber auch erforderlichen Weges.

Anlage 2

Erfüllt sein müssen folgende 20 Forderungen (Inhalt gekürzt):

1. Verantwortung der Leitung: Die Geschäftsführung definiert Qualitätspolitik, legt Aufbau- und Ablauforganisation fest, ist für QM-System verantwortlich und bewertet dieses regelmäßig.
2. Qualitätsmanagementsystem: Das Unternehmen baut ein QM-System auf und dokumentiert dieses in angemessener Weise.
3. Vertragsprüfung: Hersteller müssen sicher sein, daß sie jene Leistung erbringen können, zu der sie sich verpflichten.
4. Designlenkung: Das Unternehmen führt Verfahren zur Lenkung des Produktdesigns ein.
5. Lenkung der Dokumente und Daten: Das Unternehmen führt Verfahren zur Lenkung seiner Dokumente und Daten ein.
6. Beschaffung: Das Unternehmen führt Verfahren mit dem Ziel ein, die Qualitätsfähigkeit seiner Zulieferer zu überprüfen.
7. Lenkung der vom Kunden beigestellten Produkte: Das Unternehmen führt Verfahren zur Kennzeichnung und Identifikation von Produkten ein.
8. Kennzeichnung und Rückverfolgbarkeit von Produkten: Das Unternehmen führt Verfahren zur Kennzeichnung und Identifikation von Produkten ein.
9. Prozeßlenkung: Das Unternehmen muß für stabile und beherrschbare Prozesse sorgen.
10. Prüfungen: Das Unternehmen muß ein System von Prüfungen festlegen und dokumentieren, um die festgelegte Produktqualität zu sichern.

11. Prüfmittelüberwachung: Das Unternehmen muß Verfahren für die Pflege und den Umgang der von ihm eingesetzten Prüfmittel einführen.
12. Prüfstatus: Der Prüfstatus eines Produktes muß erkennbar sein.
13. Lenkung fehlerhafter Produkte: Das Unternehmen muß Verfahren zur Aussonderung fehlerhafter Produkte einführen.
14. Korrektur- und Vorbeugungsmaßnahmen: Das Unternehmen muß Verfahren zur Beseitigung von faktischen und potentiellen Fehlern einführen.
15. Handhabung, Lagerung, Verpackung, Konservierung und Versand: Das Unternehmen muß Verfahrensanweisungen für Handhabung, Lagerung, Verpackung, Konservierung und Versand einführen.
16. Lenkung von Qualitätsaufzeichnungen: Das Unternehmen muß Verfahrensanweisungen zur Lenkung, Aufbewahrung usw. der Qualitätsaufzeichnungen einführen.
17. Interne Qualitätsaudits: Das Unternehmen muß interne Qualitätsaudits planen und durchführen.
18. Schulung: Das Unternehmen muß systematisch den Schulungsbedarf seiner Mitarbeiter ermitteln und diese entsprechend schulen.
19. Wartung: Wo zutreffend und nötig, muß das Unternehmen Verfahrensanweisungen bezüglich der Wartung der Produkte einführen.
20. Statistische Methoden: Wo zutreffend und nötig, muß das Unternehmen statistische Verfahren einführen.

Anlage 3

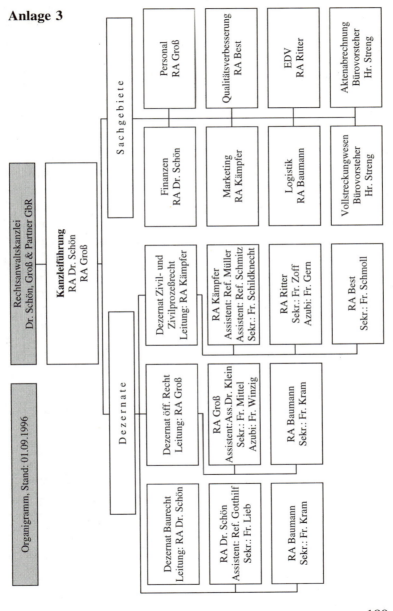

Anhang

Anlage 4

Grob-Organigramm einer Kanzlei mit 2 Standorten

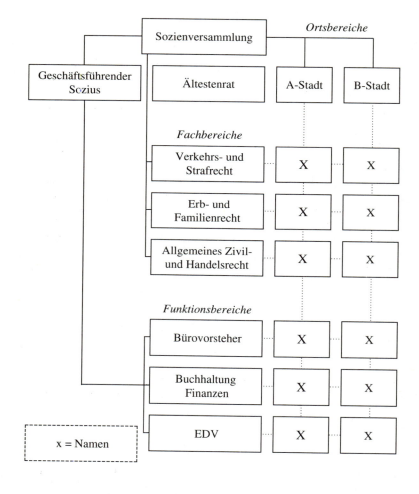

Anlage 5

Stellenbeschreibung – *Muster 1: Rechtsanwalts-Assistentin*

1. Stellenbezeichnung:
   Rechtsanwalts-Assistentin, Dezernat Wirtschaftsrecht
2. Unmittelbar unterstellt:
   RA des Dezernates Wirtschaftsrecht
3. Unmittelbar überstellt:
   -
4. Stelleninhaberin wird vertreten durch:
   andere RA-Assistentin des Dezernates Wirtschaftsrecht
5. Stelleninhaberin vertritt:
   andere RA-Assistentin des Dezernates Wirtschaftsrecht
6. Ziele:
   Weitestgehend selbständige Aufgabenerledigung
7. Aufgaben:
   – Telefonische Kommunikation (deutsche und englische Sprache) mit Mandanten, Gegnern usw. Exakte Erfassung und Dokumentation von übermittelten Informationen, Aufträgen, evt. Beschwerden.
   – Selbständige Terminvereinbarung und -koordination für Besprechungstermine, Konferenzen usw.
   – Selbständige Postbearbeitung, Erledigung von Standardkorrespondenz, Vorlage und Besprechung der übrigen Korrespondenz mit RA.
   – Fertigen von Schreiben und Schriftsätzen nach Diktat, selbständige Abwicklung von Routinekorrespondenz.
   – Erstellen von Kostennoten zur Vorlage an RA.

Anlage 6

Stellenbeschreibung – *Muster 2: Bürovorsteher/in*

1. Stellenbezeichnung:
   Bürovorsteher/in
2. Unmittelbar unterstellt:
   dem am Kanzleistandort führenden Partner der Sozietät
3. Unmittelbar überstellt:
   - Auszubildende Rechtsanwaltsfachassistentinnen
   - Bürobote
4. Stelleninhaber/in wird vertreten durch:
   stellvertretende Bürovorsteherin.
5. Stelleninhaber/in vertritt:
   –
6. Ziele:
   Selbständige, umsichtige und vorbildliche Aufgabenerfüllung.
7. Aufgaben:
   - Innerhalb der Budgetrahmens eigenverantwortliche Durchführung der Bürologistik (Wareneinkauf und Verteilung), Ausführung von Beschlüssen der Sozietätsversammlung
   - Organisation des Büroablaufs, einschließlich der Vorbereitung interner Konferenzen
   - Personalplanung (Einsatzkoordination, Urlaub, Vertretung), Personalschulung
   - Kontenführung, Buchhaltung
   - Durchführung der von den einzelnen Dezernaten abgegebenen Zwangsvollstreckung, Abwehr gegnerischer Vollstreckungsversuche; beides in schwierigen Fällen in Zusammenarbeit mit dem Dezernat Allgemeines Zivilrecht.

Anlage 7

Mitarbeiterfragebogen

I. Beispiele für Mitarbeiterbefragung (anwaltsunspezifisch)

1. Mitgestaltung und Mitverantwortung

a) In welchem Ausmaß sind Sie an der Bearbeitung von Problemen Ihres Aufgabengebiets beteiligt?
   1. In sehr großem Ausmaß ❑
   2. In beträchtlichem Ausmaß ❑
   3. In einigem Ausmaß ❑
   4. In geringem Ausmaß ❑
   5. Überhaupt nicht ❑

b) Wie zufrieden sind Sie mit Ihren Beteiligungmöglichkeiten bei der Erkennung und Lösung von Problemen, die Ihr Arbeitsgebiet betreffen?
   1. Sehr zufrieden ❑
   2. Zufrieden ❑
   3. Weder zufrieden noch unzufrieden ❑
   4. Unzufrieden ❑
   5. Sehr unzufrieden ❑

c) Die Qualität meiner Arbeit läßt sich verbessern, indem ich mehr an der Erkennung und Lösung von Problemen, die mein Arbeitsgebiet betreffen, beteiligt werde.
   1. Stimme voll zu ❑
   2. Stimme im großen und ganzen zu ❑
   3. Weder/noch ❑
   4. Stimme eher nicht zu ❑
   5. Stimme überhaupt nicht zu ❑

d) Meine Führungskraft unterstützt mein Bestreben, bei der Erkennung und Lösung von Problemen, die mein Arbeitsgebiet betreffen, mitzuwirken.
   1. Stimme voll zu ❑
   2. Stimme im großen und ganzen zu ❑
   3. Weder/noch ❑
   4. Stimme eher nicht zu ❑
   5. Stimme überhaupt nicht zu ❑

Anhang

2. Aufgabe und Arbeitsanforderungen

a) Wie gefällt Ihnen Ihre Arbeit und die Art der Tätigkeit, die Sie ausüben?

1. Sehr gut ❏
2. Gut ❏
3. Mittelmäßig ❏
4. Schlecht ❏
5. Sehr schlecht ❏

b) Meine Arbeit gibt mir das Gefühl, etwas leisten zu können.

1. Stimme voll zu ❏
2. Stimme im großen und ganzen zu ❏
3. Weder/noch ❏
4. Stimme eher nicht zu ❏
5. Stimme überhaupt nicht zu ❏

c) Wie empfinden Sie Ihre Arbeitsbelastung?

1. Viel zu hoch ❏
2. Zu hoch ❏
3. In etwa richtig ❏
4. Zu gering ❏
5. Viel zu gering ❏

d) Wie zufrieden sind Sie mit der Zeit, die Ihnen Ihre Arbeit für Ihr Privatleben läßt?

1. Sehr zufrieden ❏
2. Zufrieden ❏
3. Weder zufrieden noch unzufrieden ❏
4. Unzufrieden ❏
5. Sehr unzufrieden ❏

3. Arbeitsproduktivität und -qualität

a) Wie beurteilen Sie die Qualität der Arbeitsergebnisse Ihres Bereichs (Dezernats)?

1. Sehr gut ❏
2. Gut ❏
3. Mittelmäßig ❏
4. Schlecht ❏
5. Sehr schlecht ❏
6. Kann ich nicht beurteilen ❏

b) Wie beurteilen Sie den Einfallsreichtum Ihres Bereichs, z.B. nach neuen besseren Arbeitsabläufen zu suchen?

1. Sehr gut ❏
2. Gut ❏
3. Mittelmäßig ❏
4. Schlecht ❏
5. Sehr schlecht ❏
6. Kann ich nicht beurteilen ❏

c) Wie arbeiten die Mitarbeiter Ihres Bereichs mit Ihnen zusammen?
   1. Sehr gut ❑
   2. Gut ❑
   3. Mittelmäßig ❑
   4. Schlecht ❑
   5. Sehr schlecht ❑

d) In meiner Tätigkeit kann ich meine Kenntnisse und Fähigkeiten gut nutzen.
   1. Stimme voll zu ❑
   2. Stimme im großen und ganzen zu ❑
   3. Weder/noch ❑
   4. Stimme eher nicht zu ❑
   5. Stimme überhaupt nicht zu ❑

4. Direkter Vorgesetzter
Sozius, Anwalt, Bürovorsteher etc.

a) Wie gut, glauben Sie, übt Ihre Führungskraft ihre Tätigkeit aus?
   1. Sehr gut ❑
   2. Gut ❑
   3. Mittelmäßig ❑
   4. Schlecht ❑
   5. Sehr schlecht ❑
   6. Kann ich nicht beurteilen ❑

b) Wie gut, glauben Sie, übt Ihre Führungskraft ihre Tätigkeit in bezug auf Personalaufgaben aus?
   1. Sehr gut ❑
   2. Gut ❑
   3. Mittelmäßig ❑
   4. Schlecht ❑
   5. Sehr schlecht ❑
   6. Kann ich nicht beurteilen ❑

c) Wie gut, glauben Sie, übt Ihre Führungskraft ihre Tätigkeit in bezug auf Sachaufgaben aus?
   1. Sehr gut ❑
   2. Gut ❑
   3. Mittelmäßig ❑
   4. Schlecht ❑
   5. Sehr schlecht ❑
   6. Kann ich nicht beurteilen ❑

d) Wie zufrieden sind Sie mit der Anerkennung, die Sie für gute Leistungen bekommen?
   1. Sehr zufrieden ❑
   2. Zufrieden ❑
   3. Weder zufrieden noch unzufrieden ❑
   4. Unzufrieden ❑
   5. Sehr unzufrieden ❑

II. Beispiele für Mitarbeiterbefragung (anwaltsspezifisch/Nichtjuristen)

a) Die Gestaltung meines Arbeitsplatzes finde ich
1. Sehr gut ❏
2. Gut ❏
3. Zufriedenstellend ❏
4. Im großem und ganzen zufriedenstellend ❏
5. Schlecht ❏

Zu verbessern wäre ....

b) Meine wöchentliche Arbeitszeit finde ich
1. Gut ❏
2. Bis auf Ausnahmen gut ❏
3. In Ordnung ❏
4. Schlecht verteilt ❏
5. Zu hoch, weil ich oft Überstunden machen muß ❏

c) Meine Bezahlung finde ich
1. Gut ❏
2. Angemessen ❏
3. Nicht angemessen, weil ....

d) Das „Arbeitsklima" in der Kanzlei finde ich
1. Spitzenmäßig, ich gehe sehr gerne ins Büro ❏
2. Gut, ich gehe meistens gerne ins Büro ❏
3. Normal, mal ist es besser und mal halt schlechter ❏
4. Ehrlich gesagt, nicht so gut, ich muß mich oft zur Arbeit zwingen ❏
5. Schlecht, es gibt oft Streit oder Intrigen ❏

Mich ärgert z. B. ....

Was man besser machen könnte ist z. B.: ....

e) Die Zusammenarbeit mit meinem/r „Chef/Chefin" finde ich
1. Gut, ich fühle mich in meiner Arbeit wertgeschätzt und in seine/ihre Arbeit eingebunden ❏
2. Zufriedenstellend ❏
3. Eher schlecht, Anweisungen werden unklar erteilt und meine Leistung nicht anerkannt ❏

Ich fände es besser, wenn er/sie ....

f) Die Arbeitsabläufe in der Kanzlei sind nach meiner Meinung
   1. Gut organisiert (man findet alles sofort, Zuständigkeiten sind klar) ❏
   2. Mit Ausnahmen gut organisiert, es gibt Verbesserungsmöglichkeiten ❏
   3. Teils gut, teils sind Verbesserungen erforderlich ❏
   4. Es besteht überall Verbesserungsnotwendigkeit ❏
   5. Für mich nicht zu beurteilen, „TQM" sagt mir nichts ❏

   Verbessern sollte man z. B. ....

Anhang

Anlage 8

Beispiel: 1. Quartal 1996

Konten	Jahr Planbeträge	Plan auf Quart. mit Korrekturen	Tatsächlich Quartal	Abweichung abs.	Abw. Proz.
Angestellte Rechtsanwälte	200.000,00 DM	50.000,00 DM	50.000,00 DM	- DM	0
Personal Sekretärinnen	175.000,00 DM	43.750,00 DM	49.750,00 DM	6.000,00 DM	14
Freie Mitarbeiter	24.000,00 DM	6.000,00 DM	3.000,00 DM	- 3.000,00 DM	-50
Miete Kanzlei	41.000,00 DM	10.250,00 DM	10.250,00 DM	- DM	0
Nebenkosten Kanzlei	8.000,00 DM	2.000,00 DM	2.000,00 DM	- DM	0
Kfz-Kosten Partner	36.000,00 DM	9.000,00 DM	9.000,00 DM	- DM	0
Reisekosten	15.000,00 DM	3.750,00 DM	6.200,00 DM	2.450,00 DM	65
Fortbildung	5.000,00 DM	1.250,00 DM	1.950,00 DM	700,00 DM	56
Wartung/Abschreibung	3.000,00 DM	750,00 DM	750,00 DM	- DM	0
Kanzleikosten (Material)	6.000,00 DM	1.500,00 DM	850,00 DM	- 650,00 DM	-43
Wartung	2.500,00 DM	625,00 DM	625,00 DM	- DM	0
Bibliothek/Datenbanken	6.000,00 DM	1.500,00 DM	900,00 DM	- 600,00 DM	-40
Zinsen Gründungskredit	10.000,00 DM	2.500,00 DM	2.500,00 DM	- DM	0
kalkulatorische Afa	8.000,00 DM	2.000,00 DM	2.000,00 DM	- DM	0
Einnahmen Summe (netto):	1.180.000,00 DM	295.000,00 DM	298.000,00 DM	3.000,00 DM	1
Ausgaben Summe (netto):	539.500,00 DM	134.875,00 DM	139.775,00 DM	4.900,00 DM	4
Nettoüberschuss:	640.500,00 DM	160.125,00 DM	158.225,00 DM	- 1.900,00 DM	

Anhang

Anlage 9

Aufgabe	Haupt- und Hilfszuständigkeit	Vertretung	Kontrolle	Mandanten-Anforderungen	Fehlerquellen	Verbesserungsvorschläge
Eingehende Telefonate an Adressat vermitteln.	Telefonzentrale bzw. (wenn Anrufer Durchwahlnr. zu Dezernat hat) Dezernatssekretärin.	Reno-Assistentin in Dezernat	Dezernats-RA (Stichprobe)	~ Möglichst kurze Wartezeit, bis Anruf entgegengenommen wird. ~ Freundliche, aufmerksame und informierte Telefonistin in Kanzlei ~ Schnelles Durchstellen zu Adressat (RA)	~ Zu langes „Klingeln" lassen ~ Apparat nicht besetzt ~ Unfreundliche Stimme ~ Anrufer wird „abgewimmelt" ~ Telefonistin weiß nicht Bescheid	~ Telefonistin und Dezernatskräfte regelmäßig (z.B. 1x jährlich) schulen (lassen) ~ Verbesserter Informationsfluß von RA an Telefonistin und Sekretärin (RA teilt von sich aus mit, wenn nicht in seinem Büro erreichbar).
Gutachten juristisch erarbeiten und diktieren	~ Dezernats-RA ~ intern beauftragter RA Hilfszust.: Juristische Hilfskräfte: Assessoren, angestellte Referendare, Stationsreferendare	Intern beauftragter RA	Dezernats-RA	~ Vereinbarte Erstellungszeit und Form einhalten ~ Auf Mdt-Niveau, „zugeschnittene" sprachliche Abfassung ~ Inhaltliche Verständlichkeit und Übersichtlichkeit ~ Juristisch korrekt und klare Empfehlung	~ Verspätete Fertigstellung ~ Sprachliche Mängel ~ Unübersichtlicher Aufbau ~ Juristisch fehlerhaft/unvollständig bzw. fehlende Zusammenfassung oder Empfehlung	~ Verbessertes Zeitmanagement RAe ~ Aufbauhilfen (Textbausteine) für Standardgutachten ~ Interne und externe Datenbanken

Anlage 10

Beispiel einer Selbsteinschätzung zur Mandantenzufriedenheit

Einzelschreiben an jedes Kanzleimitglied

Sehr geehrte(r) Frau/Herr ...

die Zufriedenheit der Mandantschaft mit den Leistungen unserer Kanzlei ist ein wichtiges Datum für jeden von uns; sie hat viele Aspekte und muß ständig neu erworben werden. Um zu erkennen, wo wir stehen und bevor wir Mandanten direkt befragen, wollen wir feststellen, wie wir uns selbst in dieser Hinsicht sehen. Wir bitten Sie deshalb, sich einige Minuten Zeit zu nehmen und diesen Fragebogen auszufüllen. Die Selbsteinschätzung, um die wir Sie bitten, ist **streng anonym**.

Nachfolgend sind einige Aussagen zu unserer Einstellung gegenüber der Mandantschaft aufgeführt. Bitte tragen Sie ein, inwieweit Sie den Aussagen zustimmen (volle Zustimmung = 1) oder die Aussagen ablehnen (volle Ablehnung = 5).

                                                       1 2 3 4 5

1. Für unsere Kanzlei steht das Mandanteninteresse an oberster Stelle.
2. Die Seniorpartner machen schon durch ihr eigenes Verhalten deutlich, daß ihnen das Mandanteninteresse äußerst wichtig ist.
3. Wenn Fehler gemacht werden, ist deren Beseitigung genauso wichtig, wie die Vermeidung für die Zukunft.
4. Diejenigen Kanzleimitglieder, die sich am meisten am Mandanteninteresse orientieren, kommen am besten vorwärts.

5. Die Kollegen, mit denen ich zusammenarbeite, wissen, worauf die Mandantschaft am meisten Wert legt.
6. Beurteilungen, Beschwerden oder Hinweise von unseren Mandanten werden umgesetzt, um unsere Dienstleistungen zu verbessern.
7. Meine Kollegen versuchen jederzeit, dem Mandanten nicht mehr zu versprechen, als sie halten können.
8. Wir führen eine Akte über Mandantenbeschwerden und -hinweise.
9. Ich weiß, was unsere Mandantschaft unter Qualität der Rechtsberatung versteht.
10. Ich und meine Kollegen wissen, was der jeweilige Mandant von unserer Kanzlei erwartet.
11. Die Kollegen, die in unserer Kanzlei als Team zusammenarbeiten, wissen jeder genug über die Aufgaben des anderen, um ihn notfalls vertreten zu können
12. Die verschiedenen Kollegen und Projektgruppen in unserer Kanzlei legen mehr Wert darauf, die Fälle der Mandantschaft zu lösen, als untereinander zu konkurrieren.
13. Viele von uns haben sich umgesehen, wie andere Kanzleien ihre Arbeitsprozesse verbessern und versuchen daraus zu lernen.

Vielen Dank für Ihre Unterstützung. Bitte werfen Sie den ausgefüllten Fragebogen in den an der Rezeption aufgestellten Sammelkasten.

Mit freundlicher Empfehlung

Anlage 11

Beispiel eines Mandantenfragebogens

Sehr geehrte(r) Mandant(in), Fragebogen-Nr. ....

um unsere anwaltlichen Leistungen für alle Mandanten optimal erbringen zu können, müssen wir kontinuierlich unsere Stärken und Schwächen messen. Sie können uns durch das Ausfüllen dieses Fragebogens dabei helfen, daß wir uns noch besser auf Ihre Bedürfnisse als Mandant einstellen.
Die Beantwortung wird weniger als 10 Minuten dauern.

1. Wie sind Sie insgesamt mit unserer Leistung zufrieden?
   (Bitte kreuzen Sie eine 1 an, wenn Sie sehr zufrieden sind und kreuzen Sie eine 5 an, wenn Sie überhaupt nicht zufrieden sind.)
   1 2 3 4 5

2. Nachfolgend sind einige Aussagen zu unseren Beratungsleistungen aufgeführt. Bitte tragen Sie in Zeile A ein, inwieweit Sie zustimmen (1) oder nicht zustimmen (5), in Zeile B, wie wichtig der jeweilige Punkt für Sie ist (sehr wichtig 1; unwichtig 5).

   1 2 3 4 5

2.1 Die rechtliche Beratung entsprach A
    meinen Bedürfnissen. B
2.2 Termintreue: Die vereinbarten Termine A
    für Stellungnahmen, Schriftsatzentwürfe B
    etc. wurden jederzeit eingehalten.
2.3 Die gegebenen Rechtsauskünfte waren A
    immer klar und eindeutig bzw. wurden B
    hinreichend erläutert.

2.4. Die Rechtsauskünfte waren jederzeit so A
praktikabel, daß sie ohne weiteres um- B
gesetzt werden konnten.

2.5 Der Rechtsanwalt war sehr freundlich. A
 B

2.6 Mein Rechtsanwalt hat immer Zeit für A
mich, wenn ich ihn brauche. B

2.7 Mein Rechtsanwalt hört mir immer zu. A
 B

2.8. Mein Fall ist für meinen Rechtsanwalt A
immer wichtig. B

2.9 Die Kanzleimitarbeiter/innen waren A
zuvorkommend. B

2.10 Ich fühlte mich zu jeder Zeit über den A
Stand meiner Sache gut informiert. B

2.11 Die Bearbeitung des Falles erfolgte so A
schnell wie möglich. B

2.12 Die Atmosphäre in der Kanzlei war A
angenehm. B

2.13 Ich bin überzeugt, daß mein Anwalt A
jederzeit den produktivsten und kosten- B
günstigsten Weg zur Lösung des Falles
sucht.

2.14 Die Kosten der Beratung waren A
angemessen. B

2.15 Die Abrechnung war nachvollziehbar. A
 B

3. Gibt es Vorfälle, die Ihnen im Zusammenhang mit der Rechtsberatung besonders positiv oder negativ aufgefallen sind?

4. Wie kann unsere Beratungsleistung Ihrer Meinung nach verbessert werden?

5. Nachdem Sie den Fragebogen soweit bearbeitet haben, bitten wir Sie als Zusammenfassung Ihrer Einschätzungen noch um Ihre Zustimmung (1) bzw. Ablehnung (5) folgender Aussagen:

                                            1 2 3 4 5

a) Die Kanzlei kann jederzeit wieder beauftragt werden

b) Die Kanzlei kann jederzeit weiterempfohlen werden

Vielen Dank für Ihre Unterstützung. Ihre Angaben werden selbstverständlich vertraulich behandelt. Senden Sie den Fragebogen bitte an ...... (Adresse angeben).

Mit freundlicher Empfehlung

Sachverzeichnis

Akquisition 152
Akzeptanz 180
Ältestenrat 59
Autorität 65, 66
Befragung 104
– Mandantenbefragung
 163, 168, 181
Benchmarking 107, 127
Berater 59, 130
Beratung 182
Berufsmotive 57
Beschwerden 103, 152,
 160, 161, 175
Betriebsblindheit 84
billable hours 124
Brainstorming 76
cross selling 162
Darstellung (Schriftgut)
 147
Deckungsbeitrag 125, 134
Delegation 72, 75, 95, 100,
 113, 179
Dienstleistung 17
Ehrenämter 173
Ergebnisse 35
European Quality Award
 30
Expansion 57
Finanzkennzahlensystems
 120
Finanzmanagement 116

Finanzplanes 21
Fortbildung 21, 22, 81, 91,
 154
Fremdgelder 116, 145
Führung 65
Gehaltsbemessung 108,
 109
Gesellschaft 47
Gewinnverteilung 127
Gewohnheiten 137, 175
Handbuch 144, 179, 181,
 182, 184
Honorarvorschlag 124
Indikatoren-Bewertung 107
Information 154
Informiertheit 79
Insellösungen 181
Interessenkollision 145
ISO 9000 26
ISO-Zertifizierung 183
Jahresgespräch 162
Kalkulation 122
Kanzleiführung 45, 86
Kanzleiziele 45
Kapazitätensteuerung 88
Kollisionsprüfung 142
Kommunikation 73, 79, 81,
 86, 94, 96, 111, 127,
 136, 152
Kompetenz 18, 20, 24, 81,
 180

Sachverzeichnis

Konflikte 110
Konkurrenz 51
Kontrolle 131
Korrespondenzanwälte 51, 145, 147
Kostenquote 126, 175
Kreativität 130
Kritik 96, 99, 113, 166
Kultur 141, 177
Leistungsfähigkeit 130
Ludwig-Erhard Preis 30
Management 73
Mandanten 18, 47, 50
Mandantenerwartungen 153, 168
Mandantengeheimnis 79
Mandantenorientierung 89
Mandantenunzufriedenheit 18
Mandantenzufriedenheit 14, 22, 37
Mandatsablehnung 146
Mandatsaufnahme 146
Marketing 166
Marktforschungsunternehmen 165
Mission 53
Mitarbeiter 50
Mitarbeiterzufriedenheit 22, 25
Moderieren 105, 182
Motivation 67, 68, 96, 97, 102, 162, 165, 183
Neuerungen 131, 177
Organigramm 64, 77, 78, 80
Organisation 63, 64, 115, 135
Partnerperspektive 114
Personalführung 94
Personalplanung 84, 86, 87, 88
PMS 41
Post 63
Qualität 14, 17, 19, 38, 69
Qualitätsbeauftragter 132, 144, 176, 178
Qualitätsbegriff 15
Qualitätspreis 29
Qualitätspreis-Modelle 81
Qualitätsstandard 143
Qualitätsverbesserung 73, 164
Rationalisierung 129, 178
Rechtsabteilung 155, 157, 158, 178
Rentabilitätsrechnung 121, 125
Sachstandsmitteilung 146
Sachverhaltserfassung 142
Sachverständige 51, 145, 148
Schuldzuweisung 97
Schulung 113, 181
Schwerpunktbildung 57
Sekundärtugenden 155
Selbstverwirklichung 67

Soll-Umsatz 122, 124, 125, 126
Spezialisierung 21, 22
Staat 51
Stammdaten 142
Standardisierung 148
Stellenbeschreibung 64, 77, 78, 80, 87
Strategieausschuß 59
Strategien 45, 54
Strategiesitzung 181
Strategiesitzungen 57
Streß 87, 116, 134, 179, 184
Subsidiarität 73
Syndikus 156, 159
Tabellenkalkulationsprogramm 120
Tageskopien 132, 176
Textverarbeitungssysteme 145

TQM 22, 23, 24
Transparenz 95
Unabhängigkeit 50, 178
Urlaub 131
Verbesserungen 161
Verbesserungsvorschläge 95, 97
Verschwiegenheitspflicht 149
Vertrauen 92, 99, 153, 155
Wertungen 37
Zeitaufwand 124
Zeitmanagement 25, 115
Zertifizierung 27, 37
Ziel 48
Zielkonflikt 66, 69
Zugangssicherung zur EDV 145
Zuständigkeiten 22, 58, 61, 77, 140, 144

Erfolgreiche Kanzleiführung

Die moderne Anwaltskanzlei

Gründung, Einrichtung und rationelle Organisation
Herausgegeben vom Ausschuß für Büroorganisation und -technik des DAV
Schriftleitung: RA Artur Garke

2. Auflage 1997, ca. 600 Seiten, gebunden, **Subskriptionspreis** bis Erscheinen 98,– DM, danach 118,– DM
ISBN 3-8240-200-0
Erscheint Sommer 1997

Das Handbuch vereint das organisatorische Knowhow aus der **täglichen** Praxis versierter Anwälte.

„Der Existenzgründer sollte sich das Buch zur Pflichtlektüre machen. Und auch der erfahrene Rechtsanwalt darf sich nicht scheuen, den eigenen Büroalltag anhand des Werkes zu überprüfen."
 RA Florian Breit zur Vorauflage in NJW 21/95

Anwaltliche Werbung von A-Z

Von Prof. Dr. Gerhard Ring
2. Auflage 1997,
ca. 200 Seiten, gebunden,
44,– DM
ISBN 3-8240-0193-4

Die neue Berufsordnung ermöglicht einen größeren Spielraum für anwaltliche Werbung. Die Anwaltschaft sollte von diesen neuen Möglichkeiten unbedingt Gebrauch machen. Das Buch stellt die einzelnen Werbemaßnahmen anhand der Rechtsprechung kurz und bündig von A-Z dar. Der Autor bietet damit zugleich eine Fülle von Anregungen für anwaltliches Marketing und die Erarbeitung eines individuellen Marketingkonzepts.

„… Der Leser gewinnt Sicherheit bei den schwierigen Abgrenzungsfragen zwischen zulässiger und unzulässiger Werbung. Der eine oder andere Rechtsanwalt fühlt sich darüber hinaus sicherlich sogar herausgefordert, juristisch noch nicht erschlossenes Neuland zu betreten."
 RA Dr. Tobias Lenz zur Vorauflage in: AnwBl 6/96

Zeitmanagement für Rechtsanwälte

Mehr Erfolg und Lebensqualität

Von Prof. Dr. Lothar J. Seiwert und RA Hans Buschbell
2. Auflage 1996, 160 Seiten, gebunden, 48,– DM
ISBN 3-8240-0136-5

Das knappe Gut Zeit ist für den Anwalt eine wichtige Ressource seiner beruflichen Tätigkeit und seines beruflichen Erfolges. Das Buch zeigt dem Anwalt Möglichkeiten, in seiner Alltagsarbeit durch effizientes Zeit- und Selbstmanagement zu mehr Erfolg und Freizeit zu kommen.

Marketing für Rechtsanwälte

Von RA Dr. Wolfgang Schiefer und RA Dipl.-Kfm. Dr. Ulrich Hocke
2. Auflage 1996, 148 Seiten, gebunden, 58,– DM
ISBN 3-8240-0137-3

Marketing ist eine Unternehmensphilosophie und -gie, wobei im Zentrum des marketinggerechten H des Anwalts der Mandant steht. Dieses Buch be grundlegende Ansätze des Marketings und gibt reiche praktische Anregungen, um als Anwalt zu sein.

„… ein unverzichtbarer Ratgeber für alle auf Qualitätssicherung und Zukunftssicherung bed Kollegen."
 RA Peter Depré, in In